LE TOUT EN POCHE

Visual Basic 6.0

Michel Pelletier

www.campuspress.net

CAMPUSPRESS

CampusPress a apporté le plus grand soin à la réalisation de ce livre afin de vous fournir une information complète et fiable. Cependant, CampusPress n'assume de responsabilités, ni pour son utilisation, ni pour les contrefaçons de brevets ou atteintes aux droits de tierces personnes qui pourraient résulter de cette utilisation.

Les exemples ou les programmes présents dans cet ouvrage sont fournis pour illustrer les descriptions théoriques. Ils ne sont en aucun cas destinés à une utilisation commerciale ou professionnelle.

CampusPress ne pourra en aucun cas être tenu pour responsable des préjudices ou dommages de quelque nature que ce soit pouvant résulter de l'utilisation de ces exemples ou programmes.

Tous les noms de produits ou autres marques cités dans ce livre sont des marques déposées par leurs propriétaires respectifs.

Publié par CampusPress
47 bis, rue des Vinaigriers
75010 PARIS
Tél : 01 72 74 90 00

Auteur : Michel Pelletier

Mise en pages : Andassa

ISBN : 2-7440-1203-3

Copyright © 2001 CampusPress
Tous droits réservés

CampusPress est une marque de Pearson Education France

Table des matières

Partie 3. Le multimédia

Partie 4. Pour aller plus loin

Introduction

Vous débutez en Visual Basic 6.0 ? Vous voulez programmer vite et bien sous Windows, sans vous encombrer de termes techniques aussi difficiles à comprendre qu'à prononcer ? Ce livre est fait pour vous.

Aucune expérience préalable de la programmation Windows n'est requise. Chaque question est abordée en allant du simple au complexe ; et, dans le cas ou vous souhaiteriez approfondir, des conseils vous orientent vers d'autres ressources, notamment certaines rubriques de l'aide en ligne. Toutes les informations présentées dans ce livre sont extrêmement digestes, même si les résultats obtenus ont un rendu très professionnel.

Ce qui vous attend

Cet ouvrage est organisé en cinq parties logiques. Pour que vous puissiez trouver facilement ce que vous cherchez, voici un résumé de chacune d'entre elles.

Partie 1 : une introduction à Visual Basic 6.0

Les quatre premiers chapitres du livre sont conçus pour préparer du mieux possible votre initiation à Visual Basic 6.0. Le Chapitre 1 dresse la liste des idées importantes qui font la richesse et les performances de son environnement de développement. Le Chapitre 2 vous donne quelques renseignements généraux sur Visual Basic 6.0 et répond à certaines questions usuelles à son sujet. Le Chapitre 3 vous dit tout sur l'installation et la réinstallation de Visual Basic.

Enfin, le Chapitre 4 constitue une description tout en images du contenu du livre. Vous saurez ainsi à quoi vous attendre d'un simple coup d'œil.

Partie 2 : l'environnement de développement

La deuxième partie est très importante. Vous y découvrirez l'environnement de développement (système de menus, barre d'outils, fenêtres), les outils de débogage, l'aide en ligne et les principales instructions du langage. C'est également dans cette partie que vous écrirez votre premier programme en Visual Basic 6.0.

Partie 3 : les pierres de l'édifice

La troisième partie vous présente les techniques de base permettant de définir des applications qui tiennent la route. Vous y apprendrez, entre autres, à utiliser les contrôles standard et personnalisés, à utiliser les boîtes de dialogue préexistantes, à définir un système de menus, ou encore à mettre en place une barre d'outils et une barre d'état. Votre apprentissage se poursuivra par la manipulation d'objets graphiques, l'accès à des fichiers de données et l'utilisation des polices système.

Partie 4 : le multimédia

La quatrième partie est consacrée au multimédia. Vous verrez comment jouer des sons WAV, des fichiers MIDI, des CD audio et des vidéos ; tout cela à l'aide de commandes MCI, aussi puissantes et universelles que simples à utiliser.

Partie 5 : pour aller plus loin

La dernière partie du livre aborde des domaines plus complexes, sans pour autant vous demander des efforts de compréhension surhumains. Vous y apprendrez à échanger des informations avec d'autres applications via le Presse-papiers, à dialoguer avec un modem, à manipuler des données comme dans un tableur, à accéder à une base de données existante, ou encore, à créer des contrôles ActiveX.

Pour faciliter votre lecture, nous adopterons les conventions suivantes :

Les textes et instructions que vous devez taper, les objets que vous sélectionnez et le texte affiché sur l'écran apparaissent en gras.

Vous verrez que bon nombre de raccourcis clavier peuvent être utilisés à la place de commandes de menus. Ces raccourcis nécessitent souvent que vous mainteniez enfoncée une touche tout en appuyant sur une autre. Par exemple, un raccourci que vous utiliserez souvent nécessite que vous mainteniez enfoncée la touche **Ctrl**, puis que vous appuyiez sur la lettre **O** avant de relâcher **Ctrl**. Pour éviter de répéter à chaque fois ce laïus, nous utiliserons une écriture plus simple pour exprimer ces ***combinaisons de touches***, en plaçant un signe plus (**+**) au milieu, comme dans **Ctrl+O**.

Par ailleurs, les diverses notes mettent l'accent sur des informations utiles.

Partie 1

Une introduction à Visual Basic 6.0

Ça y est, le CD-ROM de la toute nouvelle version de Visual Basic trône fièrement sur votre bureau. Avant de vous lancer tête baissée dans l'installation, prenez quelques minutes pour lire les recommandations données dans cette partie. Vous saurez à quoi vous en tenir quant à la version 6.0, et vous n'installerez que les composantes dont vous avez réellement besoin, pour économiser votre espace disque.

Chapitre 1

Ce qu'il faut savoir

Comment ? Vous êtes déjà prêt à cliquer et à tapoter sur votre clavier pour réaliser les applications qui feront saliver vos amis et, qui sait, vous ouvriront peut-être la voie à une renommée mondiale ? Un peu de patience, ce chapitre donne quelques conseils qui vous aideront à partir d'un bon pied. Si vous n'avez jamais écouté les conseils, reportez-vous directement au Chapitre 4 si Visual Basic 6.0 est déjà installé, ou au Chapitre 3 s'il ne l'est pas encore.

1. Visual Basic est un langage orienté objet

Les programmeurs de longue date, habitués aux langages Basic, Pascal, C ou C++ sous MS-DOS, seront surpris, voire abasourdis, en découvrant Visual Basic 6.0. Ici, les instructions ne peuvent être rassemblées dans un seul et même listing. Elles sont au contraire attachées aux objets qui composent une application. Lorsqu'un objet est titillé, par exemple par un clic de souris ou une frappe au clavier, Visual Basic recherche la portion de code correspondante. Si elle existe, elle est exécutée ; dans le cas contraire, aucune action n'en découle. Une application écrite en Visual Basic est constituée donc d'un ensemble de petits programmes indépendants (procédures), qui sont activés lorsque certains événements se présentent.

En société et pour ne pas passer pour un sous-programmeur de quatrième zone vous utiliserez plutôt les termes suivants : "un projet Visual Basic est constitué de procédures événementielles attachées aux objets de l'application".

2. L'interface, au centre de l'application

Pour aller plus loin encore, sachez que l'interface utilisateur est le véritable cœur d'une application Visual Basic. Si elle est bien conçue, l'écriture du code événementiel ne devrait pas être une tâche insurmontable. Tout au long de cet ouvrage, nous traiterons de sujets type qui vous aideront à aborder sans appréhension la plupart des domaines de la programmation en Visual Basic.

Dans un projet classique, le temps passé à la conception et à la définition de l'interface utilisateur ne doit pas être inférieur à 30 pour cent du temps total, dont il faudra consacrer 50 pour cent à l'écriture du code et 20 pour cent au débogage. L'aspect événementiel du code réduit ou annule fréquemment le débogage : il n'est pas rare qu'une application Visual Basic "bien pensée" fonctionne correctement dès sa première exécution.

3. L'aide en ligne

L'aide en ligne est une véritable mine d'informations. Elle contient du texte explicatif, des illustrations sous forme de captures d'écran et des lignes de code directement réutilisables par un simple copier-coller. Nous ferons fréquemment référence à l'aide en ligne de Visual Basic tout au long de cet ouvrage, pour préciser ou étendre les notions abordées.

4. Fenêtres temporaires et permanentes

L'environnement de développement fait appel à plusieurs fenêtres et onglets qui peuvent être affichés ou masqués avec les commandes du menu **Affichage**. Pour masquer une fenêtre ou un onglet, vous pouvez également y placer le pointeur de la souris, faites un clic droit et sélectionner la commande **Masquer**.

5. Des contrôles comme s'il en pleuvait

Les contrôles de la Boîte à outils peuvent être étendus à l'infini, en utilisant les OCX fournis avec Visual Basic, ainsi que les nombreux OCX disponibles dans le commerce sous forme de sharewares.

Sélectionnez la commande **Composants** du menu **Projets**, ou appuyez sur **Crl+T**. Les contrôles disponibles apparaissent sous l'onglet **Contrôles**. Pour rendre accessible un nouveau contrôle ou un nouvel ensemble de contrôles, il suffit de cocher la case correspondante et d'appuyer sur le bouton **OK**. Les nouveaux contrôles apparaissent dans la Boîte à outils et peuvent être utilisés comme vous le faites habituellement.

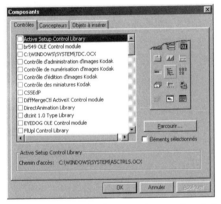

Figure 1.1 : En sélectionnant les entrées de la zone de liste, vous pouvez ajouter des contrôles dans la Boîte à outils.

6. Distribuer vos applications

Vous avez créé une application que vous aimeriez distribuer sous la forme d'une ou de plusieurs disquettes. Rien n'est plus simple : cliquez sur le bouton **Démarrer** et sélectionnez **Programmes**, **Outils Microsoft Visual Basic 6.0** puis **Assistant Empaquetage et déploiement** . Il suffit maintenant de répondre aux questions posées par l'assistant pour fabriquer une ou plusieurs disquettes d'installation compressées contenant tous les fichiers nécessaires.

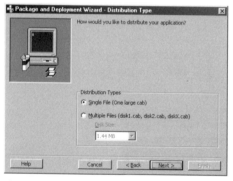

Figure 1.2 : L'assistant d'installation permet de rassembler toutes les données utilisées par une application Visual Basic 6.0 dans des fichiers compressés.

Chapitre 2

Un petit tour du monde Visual Basic 6.0

Pourquoi Visual Basic 6.0 ?

Avec Visual Basic 6.0, programmer sous Windows est un vrai jeu d'enfant. Dans un premier temps, vous construisez l'interface graphique de l'application, en plaçant divers éléments sur une feuille. Ces éléments apparaîtront à la même position pendant l'exécution. Dans un second temps, vous initialisez les propriétés des contrôles de façon à déterminer leur comportement au lancement de l'application. Enfin, dans un troisième et dernier temps, vous écrivez une ou plusieurs procédures Visual Basic pour définir le comportement de l'application suite aux événements utilisateur (clic de souris, utilisation du clavier) ou système (horloge, interruption système, etc.).

Comme nous l'avons dit, la programmation en Visual Basic est de type événementiel. Chaque événement tente d'exécuter la procédure événementielle qui lui est associée. Si cette procédure existe, elle est exécutée. Dans le cas contraire, l'application reste passive.

Visual Basic 6.0 s'adresse aussi bien aux programmeurs débutants qu'aux programmeurs confirmés.

Les débutants seront tout de suite à l'aise dans l'interface de développement qui donne accès très simplement aux outils vitaux pour le programmeur :

- La Boîte à outils contient les contrôles avec lesquels le côté visuel de l'application sera construit.

- La fenêtre des propriétés donne accès aux diverses propriétés du contrôle sélectionné.

- La barre d'outils contient des boutons permettant de lancer, stopper et déboguer l'application.

- La fenêtre de débogage permet d'interroger l'application pendant son exécution (pour connaître, par exemple, la valeur de certaines variables) de façon à déterminer la source de l'erreur.

Les débutants apprécieront également l'utilisation toujours similaire des divers contrôles de la Boîte à outils. Quel que soit le contrôle utilisé, la démarche est la même :

1. Sélection du contrôle dans la Boîte à outils.

2. Positionnement et dimensionnement du contrôle dans la feuille.

3. Modification d'une ou de plusieurs propriétés dans la fenêtre des propriétés.

4. Définition d'une ou de plusieurs procédures de traitement en rapport avec le contrôle.

Pour terminer, sachez que quelques minutes suffisent à un programmeur débutant pour concevoir sa première application Windows avec Visual Basic. Tous les sceptiques se reporteront au Chapitre 7 qui les convaincra rapidement que cela est possible.

Les programmeurs confirmés apprécieront le côté professionnel de certains contrôles. Ils pourront facilement accéder aux bases de données, ou utiliser des DLL, OCX et objets ActiveX externes à Visual Basic pour résoudre des situations qui leur sont propres.

Devant le franc succès rencontré par ce langage, de nombreuses sociétés ont développé et développent en ce moment même des contrôles supplémentaires qui démultiplient la puissance de Visual Basic tout en conservant sa simplicité d'utilisation. Visual Basic est donc un langage ouvert. Ses possibilités n'ont aucune limite, si ce n'est l'imagination des programmeurs...

Les nouveautés de la version 6.0

Les nouveautés de la version 6.0 sont nombreuses, mais la plupart d'entre elles concernent le programmeur confirmé. Comme cet ouvrage s'adresse avant tout aux nouveaux venus dans la programmation Windows, nous passerons sous silence celles qui pourraient les décourager.

Cependant, sachez que :

- Plusieurs contrôles ont été revus et améliorés, notamment :

    DataGrid remplace **DBGrid**.

    DataList remplace **DBList** et **DBCombo**.

    ImageCombo complète **ComboBox** : Les éléments de la zone de liste peuvent désormais être de type **Image**.

- D'autres ont fait leur apparition. En particulier le contrôle **ADO** (*ActiveX Data Object*) qui permet de créer des applications de base de données avec un code réduit au strict minimum et le contrôle **Coolbar** (uniquement dans les éditions professionnelle et Entreprise) qui permet de créer des barres d'outils similaires à celle d'Internet Explorer 4.0.

- Dans les éditions professionnelle et Entreprise, il est désormais possible de définir très simplement des applications serveur Web (**IIS**) et d'écrire du code qui sera exécuté dans des pages **DHTML** (*Dynamic HTML*).

- Le langage a également subi quelques modifications. Il est désormais possible :

   D'utiliser des types définis par l'utilisateur et des tableaux comme argument ou valeur retournée par les propriétés et les méthodes.

   D'initialiser en une seule opération les tableaux redimensionnables.

   D'accéder à une propriété/méthode en plaçant son nom dans une variable chaîne.

- Enfin, un nouvel assistant nommé **Empaquettage et déploiement** permet de placer une version compressée d'une application sur un site Web de telle sorte qu'elle soit directement téléchargeable.

La transition version 5.0 / version 6.0

Si vous êtes habitué(e) à programmer en Visual Basic 5.0, vous n'éprouverez aucune difficulté pour passer à la version 6.0 : l'environnement de développement reste quasiment inchangé. Il est vrai que de nouveaux contrôles sont apparus et que le langage a subi quelques modifications, mais la logique de développement Visual Basic demeure inchangée. N'hésitez pas à utiliser l'aide interactive en appuyant sur la touche de fonction **F1**. Une immense quantité d'informations et d'exemples vous y attendent.

Résumé

Visual Basic 6.0 s'adresse aux programmeurs débutants et confirmés qui désirent créer des applications Windows 32 bits sous Windows 95 ou 98. L'environnement de développement est d'une simplicité extrême. Il donne accès à divers contrôles qu'il suffit de positionner visuellement sur une feuille pour définir l'aspect final de l'application. La version 6.0 comporte de nombreuses nouveautés, comme par exemple la possibilité de définir une application serveur

Web. La version 6.0 n'est pas indispensable. Elle apporte cependant un plus grand confort de programmation et vous permettra entre autres de définir des applications serveur Web et des procédures activables dans un environnement DHTML.

Chapitre 3

De la disquette au disque dur : l'installation de Visual Basic 6.0

En route pour l'installation

Insérez le CD-ROM dans le lecteur. Quelques instants plus tard, la fenêtre d'installation de Visual Basic s'affiche.

Validez en appuyant sur le bouton Suivant. Après avoir répondu à quelques questions habituelles, vous pouvez choisir les composants que vous désirez installer.

Pour désactiver l'installation d'un composant, décochez la case correspondante. Les composants sont constitués d'un ou de plusieurs éléments. En cliquant sur le bouton **Modifier une option**, vous pouvez sélectionner ou désélectionner un ou plusieurs de ces éléments.

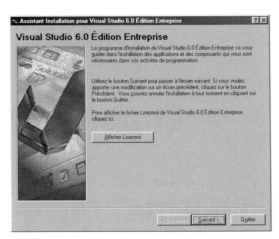

Figure 3.1 : Installation de Visual Basic.

Figure 3.2 : Choix des divers composants à installer.

Un clic sur le bouton **Continuer**, et l'installation démarre. Quelques minutes plus tard, vous pouvez commencer à rédiger votre première application en Visual Basic 6.0.

Une installation après l'installation

Après quelques jours, semaines ou mois d'utilisation de Visual Basic, il se peut que vous désiriez ajouter des éléments qui n'ont pas été copiés sur votre disque dur lors de l'installation du langage, ou, au contraire, que vous désiriez supprimer des éléments inutiles pour vous afin de libérer de l'espace sur votre disque dur.

Insérez simplement le CD-ROM du langage. Quelques instants plus tard, le programme permettant de modifier l'installation de Visual Basic est affiché.

Figure 3.3 : Le programme de modification des composants installés.

Appuyez sur le bouton **Ajouter/Supprimer**. Une nouvelle boîte de dialogue dans laquelle vous pouvez sélectionner les composants à installer et désélectionner les composants à supprimer est affichée.

Faites votre choix et appuyez sur le bouton **Continuer**.

Vous pouvez également appuyer sur le bouton **Réinstaller** pour réinstaller Visual Basic ou sur le bouton **Supprimer tout** pour désinstaller Visual Basic.

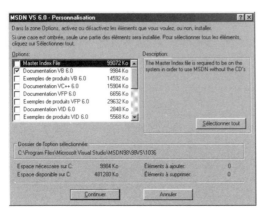

Figure 3.4 : Choix des composants à ajouter ou à supprimer.

Les programmes sources proposés dans le livre

De nombreux programmes sont développés dans cet ouvrage. Pour vous éviter d'avoir à taper les lignes de codes qui les composent, vous pouvez vous connecter sur le site Web de Simon & Schuster Macmillan (http://www.campuspress.net) où les sources peuvent être librement téléchargées (rubrique Services, Téléchargement).

Résumé

Après lecture de ce chapitre, vous savez installer Visual Basic 6.0. Vous savez également ajouter ou supprimer un composant en faisant appel au programme d'installation/désinstallation de Visual Basic. Enfin, vous savez comment vous procurer les programmes sources développés dans le livre.

Chapitre 4

A quoi faut-il s'attendre ?

Ce livre contient de nombreuses informations directement exploitables. Il est organisé en cinq parties.

La première partie est une introduction au monde de Visual Basic 6.0. Elle vous présente notamment les points clés du langage, les nouveautés de la version 6.0 et les multiples facettes de l'installation.

La deuxième partie décrit l'environnement de développement de Visual Basic 6.0 (les menus, la barre d'outils, les fenêtres, etc.) et introduit les instructions, fonctions et méthodes du langage. C'est également dans cette partie que vous écrirez votre première application en Visual Basic.

Les Parties 3 à 5 traitent de façon concrète plus de vingt thèmes chers au programmeur. Vous y apprendrez à :

- Utiliser les boîtes de dialogue communes.
- Définir un système de menus et des menus contextuels.

- Accéder à des fichiers séquentiels et à accès direct.

- Définir une application MDI.

- Dialoguer avec les composantes multimédias de l'ordinateur (WAV, MIDI, CD audio, AVI).

- Communiquer avec un modem.

- Présenter vos données comme dans un tableur.

- Accéder à des bases de données existantes.

- Définir puis utiliser des contrôles ActiveX.

- Développer des applications DHTML qui pourront être exécutées sur le Web.

Pour faciliter l'accès aux chapitres de la troisième partie, voici un tour d'horizon tout en images des Chapitres 11 à 29.

Chapitre 11

Figure 4.1 : Description des contrôles standard de Visual Basic 6.0.

Figure 4.2 : Ajout de contrôles personnalisés dans un projet Visual Basic.

Chapitre 12

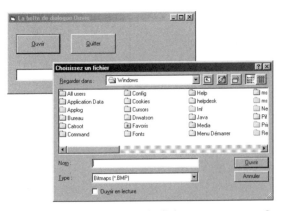

Figure 4.3 : Accès aux boîtes de dialogue communes : Ouvrir, Enregistrer sous, Couleur, Police et Imprimer.

Chapitre 13

Figure 4.4 : Mise en place d'un système de menus et de menus contextuels en utilisant la boîte de dialogue Créateur de menus.

Chapitre 14

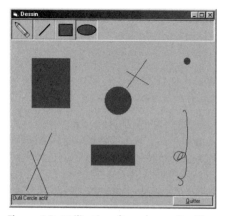

Figure 4.5 : Utilisation d'une barre d'outils pour réaliser une mini-application de dessin bitmap.

Chapitre 15

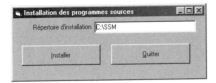

Figure 4.6 : Réalisation d'une application qui installe les programmes sources développésdans le livre sur votre disque dur.

Chapitre 16

Figure 4.7 : Réalisation d'un mémo pour visualiser et stocker simplement des informations texte.

Chapitre 17

Figure 4.8 : Visualisation des polices d'écran et d'imprimante installées.

Chapitre 18

Figure 4.9 : Définition d'un bloc-notes MDI (multifenêtre).

Chapitre 19

Figure 4.10 : Lecteur WAV.

Chapitre 20

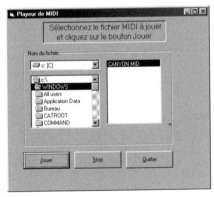

Figure 4.11 : Lecteur MIDI.

Chapitre 21

Figure 4.12 : Lecteur de CD audio.

Chapitre 22

Figure 4.13 : Lecteur AVI.

Chapitre 23

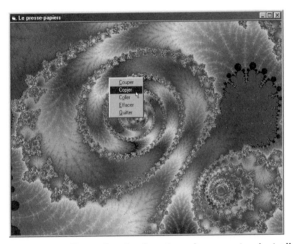

Figure 4.14 : Illustration des fonctions de couper/copier/coller du Presse-papiers par manipulation de fichiers graphiques.

Chapitre 24

Figure 4.15 : Réalisation d'une horloge à aiguilles mise à jour toutes les minutes en fonction de l'heure système.

Chapitre 25

Figure 4.16 : Communication avec un modem pour réaliser un numéroteur téléphonique.

Chapitre 26

Figure 4.17 : Définition d'un mini-tableur à l'aide d'un contrôle Grid.

Chapitre 27

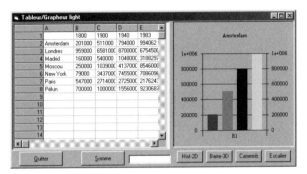

Figure 4.18 : Adjonction d'un grapheur au tableur du chapitre précédent.

Chapitre 28

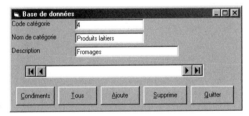

Figure 4.19 : Accès à une base de données à travers le moteur Jet.

Chapitre 29

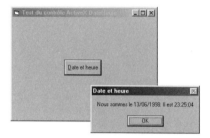

Figure 4.20 : Utilisation d'un OCX ActiveX pour afficher
la date et l'heure système sans une seule ligne de code.

Partie 2

L'environnement
de développement

Visual Basic est maintenant installé. Vous avez une vague idée de ses immenses possibilités, mais ce qu'il vous manque, c'est du travail sur le terrain. Si vous êtes du genre impatient, passez directement au Chapitre 7. Si, au contraire, vous êtes plein de bonnes résolutions, prenez le temps de découvrir l'environnement de travail et de survoler le langage de programmation. Votre apprentissage se poursuivra par la réalisation de plusieurs mini-projets, par leur débogage et par l'utilisation de l'aide en ligne.

Chapitre 5

Premiers pas dans Visual Basic 6.0

Lancer Visual Basic 6.0

Pour lancer Visual Basic, cliquez sur le bouton **Démarrer**, sélectionnez **Programmes**, puis **Microsoft Visual Basic 6.0**. Si vous utilisez fréquemment Visual Basic, vous avez intérêt à créer une icône de raccourci sur le bureau. Voici comment procéder :

- Faites un clic droit sur le bouton **Démarrer**.

- Sélectionnez **Ouvrir**.

- Double-cliquez sur l'icône **Programmes**.

- Faites glisser l'icône de l'application **Microsoft Visual Basic 6.0** sur le bureau en maintenant le bouton droit de la souris enfoncé.

- Sélectionnez **Créer un ou des raccourci(s) ici** dans le menu contextuel.

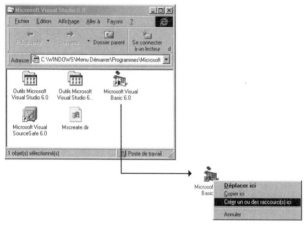

Figure 5.1 : Création d'un raccourci de Visual Basic 6.0 sur le bureau.

L'icône de Visual Basic 6.0 est maintenant affichée sur le bureau de Windows. Il suffit de double-cliquer dessus pour lancer l'application.

L'environnement de développement

Quelques instants après le lancement de Visual Basic, une boîte de dialogue vous demande de choisir le type de la future application. Choisissez **EXE Standard** pour créer une application Windows classique. Nous verrons dans un prochain chapitre comment créer un contrôle ActiveX en sélectionnant **Contrôle ActiveX** dans la boîte de dialogue. Une fois le type de l'application sélectionné, le bureau contient plusieurs fenêtres et onglets qui, de prime abord, peuvent sembler effrayants de complexité.

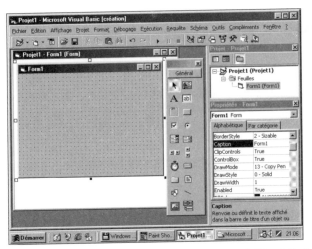

Figure 5.2 : L'environnement de développement de Visual Basic 6.0.

 Si votre système graphique le permet, utilisez une résolution d'affichage supérieure à 640 × 480 points. Travaillez si possible en 800 × 600 points, ou, encore mieux, en 1024 × 768 points. Vous pourrez ainsi dispatcher les fenêtres sur une plus grande surface de telle sorte qu'elles ne se chevauchent pas.

La partie supérieure de l'écran donne accès au système de menus et à la barre d'outils Standard du langage.

Le système de menus est très classique :

- Le menu **Fichier** permet de charger et de sauvegarder des documents (ici appelé projets).

- Le menu **Edition** donne accès aux commandes de couper/ copier/coller classiques.

- Le menu **Exécution** permet de lancer le projet.

- Le menu **Débogage** permet de lancer le projet en pas à pas pour vérifier la cohérence des instructions.

Les autres menus seront présentés au moment voulu, dans la suite de l'ouvrage.

La **barre d'outils Standard** facilite l'accès aux commandes de menu les plus fréquemment utilisées : ouverture/sauvegarde d'un projet, exécution/arrêt de l'application, placement d'un point d'arrêt, etc..

La boîte de dialogue **Projet** donne la liste des feuilles qui constituent l'application.

Figure 5.3 : L'onglet Projet. Dans cet exemple, le projet ne comporte qu'une feuille nommée Form1.

La palette **Boîte à outils** contient divers contrôles qui seront utilisés pour constituer la partie visuelle de l'application. Pour placer un nouveau contrôle sur une feuille, il suffit de le sélectionner dans la Boîte à outils et de tracer une zone rectangulaire sur la feuille.

Figure 5.4 : La Boîte à outils. Le nombre d'icônes affichées dépend de la version du langage (16 ou 32 bits) et des contrôles personnalisés sélectionnés.

La boîte de dialogue **Propriétés** liste les propriétés associées à la feuille ou au contrôle sélectionné. Certaines propriétés ne sont accessibles qu'en mode Création, c'est-à-dire pendant la définition de l'application. D'autres, au contraire, ne sont accessibles que pendant l'exécution, à l'aide de lignes de code.

Figure 5.5 : L'onglet Propriétés donne les caractéristiques de la feuille ou de l'objet sélectionné.

Enfin, la **feuille de travail** représente la fenêtre de l'application en cours de conception. Elle peut contenir un ou plusieurs contrôles déposés par le programmeur depuis la Boîte à outils.

Un petit lexique

Si vous débutez en programmation événementielle, une avalanche de nouveaux termes s'est abattue sur vous sans crier gare. Afin de mettre les choses au point et pour éviter toute confusion dans la suite du livre, voici un petit lexique des principaux termes utilisés en programmation Visual Basic 6.0.

Une **fenêtre** est une zone rectangulaire dans laquelle s'exécute une application. Elle est généralement composée d'une **barre de titre**, qui indique le nom de l'application et/ou du document manipulés, de **cases de repli**, d'**agrandissement** et de **fermeture**. Sous la barre de titre, un **système de menus** donne accès aux commandes de menu qui gèrent le fonctionnement de l'application. Sous le système de

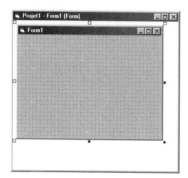

Figure 5.6 : La feuille de travail. Si nécessaire, une même application peut contenir plusieurs feuilles de travail. Le programme devra alors indiquer le passage d'une feuille à l'autre.

menus, une **barre d'outils** contient une ou plusieurs icônes qui facilitent l'accès aux commandes de menu les plus courantes. Dans la partie centrale de la fenêtre, la **zone du document** est réservée aux données manipulées par l'application. Il peut s'agir de textes, de graphiques ou d'autres éléments. Dans la partie inférieure, une **barre d'état** indique l'état de l'application (outil sélectionné, état des touches du clavier, coordonnées de la souris, etc.). Enfin, une ou deux **barres de défilement** apparaissent de part et d'autre de la zone du document lorsque les documents visualisés sont plus grands que la taille maximale de la fenêtre.

On appelle **interface utilisateur** le côté visuel d'une application, c'est-à-dire l'ensemble des contrôles étant accessibles à l'utilisateur et devant provoquer des actions programmées : boutons de commande, barres de défilement, cases à cocher, zones de liste et listes modifiables, contrôles graphiques, etc.

Les **contrôles** sont les éléments qui constituent l'interface utilisateur. Pour placer un contrôle sur une feuille, vous devez cliquer sur l'icône correspondante dans la Boîte à outils, et tracer une zone rectangulaire à l'endroit où vous désirez afficher le contrôle.

Visual Basic est livré avec un certain nombre de **contrôles standard** qui apparaissent dans la Boîte à outils. D'autres, moins usuels, peuvent leur être ajoutés. On les appelle **contrôles personnalisés**. Ils sont livrés avec Visual Basic ou diffusés par des sociétés annexes.

Visual Basic est un langage **événementiel**. Il réagit aux événements provoqués par l'utilisateur ou par le système.

Un **projet** Visual Basic est constitué d'un ensemble de fichiers relatifs à une même **application**. Lors de son chargement, ses divers composants apparaissent dans la **fenêtre de projet**.

Les **feuilles** sont les éléments de base des projets Visual Basic. Elles peuvent contenir toutes sortes de contrôles visibles ou invisibles à l'exécution. Un même projet peut contenir une ou plusieurs feuilles.

Tous les **objets** Visual Basic (feuilles, contrôles standard ou personnalisés) possèdent des propriétés modifiables en phase de conception et/ou en phase d'exécution.

Quitter Visual Basic 6.0

Pour quitter Visual Basic, lancez la commande **Quitter** dans le menu **Fichier** ou appuyez sur **Alt+Q**. Si le projet en mémoire a subi des modifications depuis sa dernière sauvegarde, une boîte de dialogue vous invite à le sauvegarder :

Résumé

Ce chapitre vous a montré comment lancer et quitter Visual Basic. Vous avez également découvert l'environnement de développement de Visual Basic, c'est-à-dire l'ensemble des fenêtres et onglets avec lesquels vous allez travailler pendant la conception de vos applications. Enfin, un petit lexique a introduit les termes techniques qui seront utilisés tout au long de cet ouvrage.

**Figure 5.7 : Tentative de fermeture de Visual Basic
sans sauvegarde de l'application en mémoire.**

Le chapitre suivant présente brièvement les principales instructions
du langage. Si vous utilisez déjà une version précédente de Visual
Basic, ou si vous avez déjà programmé en Basic, vous pouvez directement passer au Chapitre 7. Dans le cas contraire, les pages qui sui-
vent sont faites pour vous.

Chapitre 6

Les bases de la programmation en Visual Basic 6.0

Ce chapitre n'a pas la prétention de vous présenter l'ensemble du langage Visual Basic 6.0. La totalité de cet ouvrage n'y suffirait pas ! Par contre, les connaissances de base nécessaires pour démarrer en programmation Visual Basic y sont traitées. Pour avoir des renseignements complémentaires, vous consulterez l'aide en ligne. Tapez un mot clé dans la fenêtre de code et appuyez sur la touche **F1**. Vous afficherez ainsi la rubrique d'aide correspondante.

Les fichiers FRM

Arrivé à ce point, vous devez savoir que les composants fondamentaux d'un projet Visual Basic sont des **feuilles**. Un projet peut comporter une ou plusieurs feuilles. Chaque feuille est enregistrée dans un fichier texte d'extension FRM qui décrit :

- Des caractéristiques de la feuille : dimensions, titre, apparence, bordure, couleur, etc.

- Des contrôles placés sur la feuille : position, dimensions et autres propriétés.

- Le code attaché à la feuille.

Voici, à titre d'exemple, une feuille et le fichier FRM lui correspondant.

Figure 6.1 : La feuille de l'application Test

La feuille comporte un seul contrôle : le bouton de commande **Quitter** qui met fin à l'application en exécutant une instruction End.

```
VERSION 6.00
   Begin VB.Form Form1
   Caption         =    "Form1"
   ClientHeight    =    3195
   ClientLeft      =    60
   ClientTop       =    345
   ClientWidth     =    4680
   LinkTopic       =    "Form1"
   ScaleHeight     =    3195
   ScaleWidth      =    4680
   StartUpPosition =    3   'Windows Default
   Begin VB.CommandButton Command1
      Caption      =    "Quitter"
      Height       =    615
      Left         =    1320
      TabIndex     =    0
      Top          =    960
```

```
        Width           =    1575
    End
End
Attribute VB_Name = "Form1"
Attribute VB_GlobalNameSpace = False
Attribute VB_Creatable = False
Attribute VB_PredeclaredId = True
Attribute VB_Exposed = False

Private Sub Command1_Click()
  End
End Sub
```

Les premières instructions donnent des indications sur les propriétés de la feuille et du bouton de commande **Quitter**. Elles sont générées automatiquement par Visual Basic. Pour ne pas surcharger cet ouvrage, nous ne les ferons pas figurer dans les prochains listings. Les trois dernières instructions définissent la procédure événementielle **Command1_Click**. Cette procédure est exécutée lorsque l'utilisateur clique sur le contrôle nommé **Command1**. En regardant quelques lignes plus haut, il est très simple de déduire que ce contrôle est le bouton de commande :

```
Begin VB.CommandButton Command1
```

Grâce à cet exemple simpliste, vous avez compris que les fichiers FRM définissent :

- les propriétés d'une feuille et des contrôles qui lui sont attachés,
- les procédures événementielles en rapport avec la feuille et ses objets.

En sélectionnant l'objet (Général) et l'événement (déclarations), vous pouvez définir des constantes et des variables communes à toutes les procédures de la feuille.

 Lorsqu'une déclaration de variable est placée dans le corps d'une procédure, la variable est spécifique à la procédure et ne concerne pas toutes les procédures de la feuille.

Figure 6.2 : Exemple de déclaration d'une variable et d'une constante.

Pour terminer, signalons qu'un fichier FRM peut également contenir des procédures non événementielles. Ces procédures peuvent être appelées par une ou plusieurs procédures événementielles ou non événementielles.

Tour d'horizon du langage

Dans les paragraphes suivants, vous allez découvrir le langage de programmation. N'hésitez pas à consulter l'aide en ligne pour parfaire vos connaissances.

Les variables

Pour définir une variable, vous utiliserez l'instruction Dim.

Par exemple :

```
Dim v1 as Integer
```

ou encore

```
Dim v2 as String
```

Les types autorisés dans Visual Basic sont les suivants :

Type	Signification
Integer	Nombres entiers compris entre – 32 768 et 32 767.
Long	Nombres entiers compris entre – 2 147 483 648 et 2 147 483 647.
Single	Nombres réels avec 7 chiffres après la virgule.
Double	Nombres réels avec 15 chiffres après la virgule.
Currency	Nombres réels comprenant 15 chiffres avant la virgule et 4 après.
String	Chaînes de caractères dont la longueur ne peut excéder 2^31 caractères.

Il est possible d'utiliser un symbole pour définir implicitement le type d'une variable.

Dans l'exemple ci-après, les deux premières instructions sont équivalentes à la troisième :

```
Dim v1 as Integer
v1= 45
v1%=45
```

Pour en terminer avec les variables, voici la liste des symboles qui définissent implicitement le type des variables.

Symbole	Variable
%	Integer
&	Long
!	Single

Symbole	Variable
#	Double
@	Currency
$	String

Notez qu'il est également possible de définir une énumération à l'aide du mot clé Enum, comme dans l'exemple suivant :

```
Enum NiveauSecurite
   Illegal = -1
   Niveau1 = 0
   Niveau2 = 1
End Enum
```

Cette instruction ne peut être utilisée que dans un module.

Les tableaux

Un tableau contient des données de même type accessibles par un indice.

Pour déclarer un tableau contenant 20 valeurs entières, vous utiliserez une instruction du type :

```
Dim Tableau1(1 To 20) As Integer
```

Si le tableau doit comporter plusieurs dimensions, il suffit de les déclarer dans la parenthèse. Par exemple, l'instruction suivante définit un tableau à deux dimensions contenant 20×1000 données de type Long :

```
Dim Tableau2(1 To 20, 1 To 1000) As Long
```

Pour accéder à un élément dans un tableau, il suffit d'indiquer son ou ses indices. Par exemple :

Tableau1(5) correspond au cinquième élément du tableau Tableau1, Tableau2(2,10) correspond à l'élément d'indices 2 et 10 dans le tableau Tableau2.

Commentaires

Il est souvent nécessaire d'insérer des commentaires dans un programme pour faciliter sa maintenance et son évolution. Pour cela, vous utiliserez indifféremment le signe ' ou le mot clé REM. Les deux instructions ci-après sont équivalentes :

```
' Ceci est un commentaire
REM Ceci est un commentaire
```

Opérateurs

Tous les opérateurs mathématiques, de comparaison et logiques habituels sont disponibles.

Le signe = affecte une valeur à une variable. Par exemple, l'instruction ci-après affecte la valeur 12 à l'élément d'indice 4 dans le tableau Ta :

```
Ta(4)=12
```

Les opérateurs +, -, *, /, ^, \ et Mod s'utilisent comme dans les autres langages. Vous pouvez utiliser une ou plusieurs paires de parenthèses pour forcer l'ordre d'exécution des opérateurs. L'instruction suivante, par exemple, calcule le déterminant d'une équation du second degré :

```
Delta = b^2 - 4 * a * c
```

Les opérateurs de comparaison =, <>, <, <=, > et >= sont essentiellement utilisés dans l'instruction If then else :

```
If Delta < 0 then
  Text1.TEXT = "Pas de solution"
End If
```

Enfin, les opérateurs logiques Not, And et Or permettent d'inverser une valeur logique ou de combiner deux valeurs logiques. L'instruction de test ci-après affecte la valeur 1 à la variable Résultat si a est plus grand que 10, ou si b est différent de 0 :

```
If a>10 or b<>0 then
  Résultat = 1
End If
```

Tests

L'instruction de test la plus utilisée est If then else. Voici sa structure :

```
If c1 then
  Instructions 1
ElseIf c2 then
  Instructions 2
ElseIf c3 then
  Instructions 3
...
Else
  Instructions N
End if
```

Si la condition c1 est vérifiée, le bloc d'instructions Instructions 1 est exécuté. Dans le cas contraire, si la condition c2 est vérifiée, le bloc d'instructions Instructions 2 est exécuté, et ainsi de suite jusqu'au dernier ElseIf. Si aucune des instructions précédentes n'est vérifiée, le bloc d'instructions Instructions N est exécuté.

Bien qu'un peu lourde, la structure If Then Else est très simple à utiliser. Lorsque l'action effectuée consiste à affecter une valeur ou une autre en fonction du résultat du test, vous gagnerez à utiliser l'instruction IIf (*Immediate If*) :

```
Variable=IIf(Condition, Valeur si vrai, Valeur si
faux)
```

Par exemple, l'instruction suivante affecte la valeur 5 à la variable Résultat si a est supérieur à 0, et la valeur 6 dans le cas contraire :

```
Résultat = IIf(a > 0, 5, 6)
```

Pour terminer, sachez que si vous devez effectuer des tests répétitifs sur la valeur d'une variable, vous avez tout intérêt à utiliser l'instruction Select Case :

```
Select Case Variable
  Case liste de valeurs 1
    Bloc d'instructions 1
  Case liste de valeurs 2
```

```
      Bloc d'instructions 2
   ...
   Case Else
      Bloc d'instructions N
End Select
```

A titre d'exemple, les instructions If et Case ci-après sont équivalentes :

```
If a = 1 Then
   b = 57
ElseIf a = 2 Then
   b = 12
ElseIf a = 3 Then
   b = 39
Else
   b = 9
End If
```

```
Select Case a
   Case 1
      b = 57
   Case 2
      b = 12
   Case 3
   b = 39
   Else
      b = 9
End Select
```

Les boucles

Lorsqu'un traitement doit être répété, utilisez une boucle. La plus classique d'entre toutes utilise l'instruction For Next. Par exemple, l'instruction suivante affecte les valeurs 1 à 10 aux éléments d'indice 1 à 10 du tableau T : \

```
For i = 1 To 10
   T(i) = i
Next i
```

Lorsque le nombre de passages dans la boucle n'est pas connu à l'avance, vous pouvez utiliser une instruction Do Loop ou While Wend :

Les deux blocs d'instructions suivants sont équivalents :

```
i = 1
Do
  T(i) = i
  i = i + 1
Loop Until i > 10
```

```
i = 1
While i < 10
  T(i) = i
  i = i + 1
Wend
```

 Les conditions sont inversées dans les deux instructions. Do Loop effectue un bouclage jusqu'à ce qu'une condition soit vraie, alors que While Wend effectue un bouclage tant qu'une condition est vraie.

Notre petit tour d'horizon des instructions est terminé ; seules les plus courantes ont été décrites. Pour avoir des informations plus complètes, consultez l'aide les manuels en ligne à la rubrique **Instructions**.

Nous allons maintenant passer en revue quelques fonctions spécialisées particulièrement utiles.

Conversion de données

La plupart du temps, vous utiliserez des variables typées (Integer, Long, String, etc.). Si vous êtes amené à affecter un type de données à une variable d'un autre type, une erreur se produira à l'exécution de l'instruction d'affectation, à moins que vous n'utilisiez une fonction de conversion. Par exemple, pour affecter une valeur numérique à une variable chaîne, vous utiliserez la fonction Val.

Pour connaître le nom et les modalités d'utilisation des fonctions de conversion, consultez l'aide en ligne à la rubrique **Conversion**.

Chaînes de caractères

Le type chaîne de caractères est un des plus utilisés dans le code Visual Basic ; un ensemble de fonctions lui est dédié. Consultez l'aide en ligne à la rubrique **Chaînes(fonctions), liste** pour avoir de plus amples renseignements.

Dates et heures

Nous allons terminer par les fonctions dédiées à la manipulation des dates et heures. Pour accéder à la liste de ces fonctions, consultez l'aide en ligne à la rubrique **Dates(fonctions), liste**.

L'accès aux propriétés des objets

Jusqu'ici, nous avons parlé des instructions et fonctions propres au langage. Un autre point a une importance fondamentale en Visual Basic : l'accès aux propriétés des objets.

Tous les objets ont un nom (qui est lui même une propriété). Pour affecter une valeur à une propriété d'un objet donné, vous utiliserez une instruction du type :

```
Nom.Propriété = Valeur
```

Supposons que vous vouliez affecter le contenu de la variable chaîne R$ à la propriété TEXT du contrôle zone de texte nommé Résultat. Vous utiliserez l'instruction ci-après :

```
Résultat.TEXT = R$
```

Supposons maintenant que vous vouliez redéfinir la hauteur de la feuille nommée Form1. Vous devez modifier la propriété Height par une instruction du type :

```
Form1.Height = 3000
```

Résumé

Ce chapitre vous a enseigné quelques notions fondamentales concernant le langage Visual Basic. Vous êtes maintenant à même d'écrire vos premières lignes de code.

Vous avez appris que chaque feuille est associée à un fichier FRM contenant les caractéristiques de la feuille et des objets qui la composent : propriétés et procédures événementielles. Vous avez fait connaissance avec les instructions et fonctions passe-partout du langage, et vous avez appris à modifier les propriétés des objets.

La suite du livre vous fournira de nombreux exemples de mise en pratique du contenu de ce chapitre. N'hésitez pas à consulter l'aide en ligne pour avoir tous les renseignements nécessaires quant à l'utilisation d'une instruction ou d'un type d'instructions particulier.

Chapitre 7

Votre premier projet

Le but à atteindre

Dans ce chapitre, vous allez écrire votre premier projet en Visual Basic 6.0. Courage, vous verrez, tout va bien se passer...

Ce premier projet ultra simple repose sur une boîte de dialogue dotée de deux boutons de commande et d'une zone de texte.

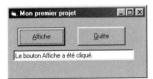

Figure 7.1 : La boîte de dialogue de l'application Mon premier projet.

Ce projet va vous apprendre à utiliser :

- la Boîte à outils,
- l'onglet des propriétés,
- l'éditeur de code.

Pas si mal pour un premier projet !

Définition de l'interface

Allons-y. Si ce n'est pas déjà fait, lancez Visual Basic à partir du menu **Démarrer** de Windows ou en double-cliquant sur son icône, si vous l'avez déposée sur le bureau de Windows. Sélectionnez si nécessaire l'icône **EXE Standard** et appuyez sur le bouton **OK**. Quelques instants plus tard, l'écran doit contenir quelque chose comme ceci :

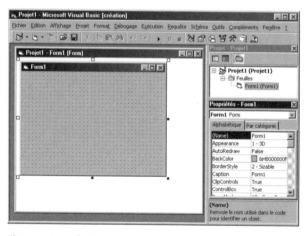

Figure 7.2 : La fenêtre de Visual Basic juste après son lancement.

Nous allons commencer par ajouter trois contrôles dans la boîte de dialogue de l'application : deux boutons et une zone de texte.

Figure 7.3 : L'outil CommandButton.

Pour insérer un bouton, cliquez sur l'icône intitulée **CommandButton** dans la Boîte à outils. Cette icône s'enfonce pour montrer que l'outil **CommandButton** est actif, et le pointeur de la souris prend la forme d'une petite croix lorsque vous le promenez au-dessus de la feuille. Déplacez le pointeur jusqu'au coin supérieur gauche du futur bouton de commande. Maintenez le bouton gauche de la souris enfoncé et déplacez la souris jusqu'au coin inférieur droit du bouton de commande. Relâchez. Voilà, votre premier bouton a vu le jour. Avouez que la tâche n'était pas si rude !

Recommencez ces manipulations pour définir un second bouton de même taille.

Figure 7.4 : L'outil TextBox.

Vous allez maintenant définir une zone de texte. Sélectionnez l'outil **TextBox** et tracez une zone rectangulaire sous les deux boutons.

Pour améliorer l'aspect de la boîte de dialogue, vous allez la redimensionner. Déplacez la souris sur le coin inférieur droit de la boîte de dialogue. Le pointeur se transforme en une double flèche inclinée à 45 degrés. Maintenez le bouton gauche enfoncé et déplacez la souris pour donner une taille plus adéquate à la boîte de dialogue.

Après ces manipulations, vous devez obtenir quelque chose comme ceci :

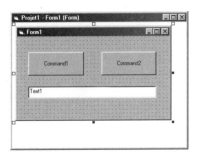

Figure 7.5 : La boîte de dialogue de l'application après définition des contrôles et redimensionnement.

Lorsque vous placez un contrôle sur une feuille, il est, par défaut, aligné sur une grille matérialisée par des pointillés. Si le pas de la grille vous semble trop important, il est très simple de le modifier. Choisissez la commande Options du menu Outils. Dans la boîte de dialogue Options, sélectionnez l'onglet Général. Le groupe d'options Paramètres de grille de la feuille contient les informations relatives à la grille. La case à cocher Aligner les contrôles sur la grille est très parlante : lorsqu'elle est cochée, les contrôles déposés sur la feuille se calent automatiquement sur la marque de grille la plus proche. Pour modifier le pas de la grille, agissez sur les contrôles Largeur et Hauteur.

L'aspect de la boîte de dialogue laisse à désirer :

- Les boutons de commande et la zone de texte sont mal intitulés.
- Le titre affiché dans la barre de titre de la boîte de dialogue n'est pas des plus explicites.

En quelques clics souris, nous allons régler ces broutilles.

Si la fenêtre des propriétés n'est pas affichée, sélectionnez la commande **Propriétés** dans le menu **Affichage**, ou appuyez sur **F4**.

Cliquez sur le premier bouton de commande et modifiez sa propriété Caption pour obtenir le résultat suivant :

Le signe & ("et commercial" ou "esperlouète") souligne la lettre devant laquelle il est placé. Lors de l'exécution, vous pouvez activer le contrôle ainsi nommé en appuyant simultanément sur la touche **Alt** et sur la lettre soulignée.

Cliquez sur le second bouton de commande et affectez la valeur **&Quitte** à la propriété Caption.

Cliquez enfin sur la zone de texte et effacez la valeur affectée à la propriété Text. Ainsi, à l'exécution, aucun texte ne sera affiché dans la zone de texte.

Vous devez certainement vous en douter, le titre de la boîte de dialogue est également une propriété. Cliquez sur un endroit libre de la

Figure 7.6 : Les propriétés du premier bouton de commande.

boîte de dialogue, c'est-à-dire en dehors des boutons et de la zone de texte. Entrez la valeur **Mon premier programme** dans la propriété Caption.

Un grand moment est arrivé : vous allez maintenant exécuter votre premier projet. Trois méthodes peuvent être utilisées :

1. Cliquez sur le bouton **Exécuter** dans la barre d'outils.

2. Appuyez sur **F5**.

3. Lancez la commande **Exécuter** dans le menu **Exécution**.

Quelle que soit la méthode choisie, la fenêtre de l'application s'affiche triomphalement sur l'écran.

Figure 7.7 : Une première exécution du projet.

Même si les boutons ne sont pas encore actifs, vous mesurez à cet instant précis les possibilités étonnantes qu'offre ce langage...

Reposez quelques instants les pieds sur terre. Vous allez maintenant affecter des lignes de code aux deux boutons de commande.

Procédures de traitement

Refermez la fenêtre d'exécution de l'application en cliquant sur sa case de fermeture. De retour dans l'environnement de développement, double-cliquez sur le bouton **Affiche**. Une fenêtre est affichée ; examinons-la d'un peu plus près.

Figure 7.8 : La fenêtre de code.

La liste déroulante **Objet** décrit l'objet en cours de traitement : ici, le bouton de commande **Command1**. La liste déroulante **Procédure** répertorie tous les événements reconnus pour l'objet en cours de traitement. Lorsque vous sélectionnez un événement, la procédure d'événement qui lui est associée apparaît dans la fenêtre **Code**. Ici, l'événement traité est un clic de souris. L'objet ayant pour nom **Command1**, le nom de la procédure de traitement est **Command1_Click**.

Ajoutez la ligne en gras ci-après dans cette procédure et refermez la fenêtre de code en cliquant sur son bouton de fermeture.

```
Private Sub Command1_Click()
Text1.TEXT = "Le bouton Affiche a été cliqué."
End Sub
```

Text1 est le nom de la zone de texte. La propriété TEXT définit le contenu de la zone de texte. La syntaxe Text1.TEXT fait donc référence au contenu de la zone de texte **Text1**. Vous l'avez compris, cette instruction copie le texte "Le bouton Affiche a été cliqué" dans la zone de texte **Text1**.

Double-cliquez maintenant sur le bouton **Quitte**. La procédure Command2_Click est affichée. Complétez-la en ajoutant l'instruction en gras ci-après :

```
Private Sub Command2_Click()
End
End Sub
```

Comme on peut s'en douter, cette instruction met fin à l'application.

Exécutez le projet (commande **Exécuter** dans le menu **Exécution**, bouton **Exécuter** ou touche de fonction **F5**). Les deux boutons sont totalement opérationnels.

Pour sauvegarder le projet, lancez la commande **Enregistrer le projet** dans le menu **Fichier**.

Si vous avez téléchargé les programmes sources développés dans cet ouvrage, ce projet se trouve par défaut dans le répertoire **SSM\PREMIER**.

Résumé

Dans ce chapitre, vous avez appris à placer des contrôles Command Button et TextBox dans une boîte de dialogue. Sachez que les techniques décrites sont également valables pour les autres types de contrôles. Vous avez découvert comment modifier les propriétés des contrôles, avec la fenêtre des propriétés et des lignes de code. Vous voilà prêt à aborder des sujets plus sérieux.

Chapitre 8

Un peu plus loin

Dans ce chapitre, vous allez mettre en application ce qui a été vu précédemment à propos des contrôles **CommandButton** et **TextBox** pour réaliser une calculatrice. Si ce projet vous fait peur, sachez qu'il ne comporte guère plus d'une centaine de lignes. Si vous suivez nos indications, il y fort à parier qu'une demi-heure suffira à sa réalisation. Alors, rassuré ? Bon, nous pouvons donc passer aux choses sérieuses.

Définition de l'interface

Voici le résultat à atteindre :

Figure 8.1 : La boîte de dialogue de l'application Mini-calculatrice

Comme vous le voyez, la calculatrice est constituée de 15 boutons de commande et d'une zone de texte. Alors, au travail ! Vous avez cinq minutes pour parvenir à ce résultat.

Rappelons que :

- La propriété **Caption** définit le texte qui est affiché sur un bouton de commande.

- La propriété **Text** définit le texte qui est affiché par défaut dans une zone de texte.

- La propriété **Caption** de la boîte de dialogue définit le texte qui est affiché dans la barre de titre.

Procédures de traitement

Lorsque l'interface a été définie, vous pouvez passer à l'écriture du code relatif aux quinze boutons de commande.

Double-cliquez sur le bouton **7** pour faire apparaître la procédure relative à un clic sur ce bouton. Entrez les instructions suivantes dans cette procédure :

```
Private Sub Command1_Click()
  If TF = 0 Then
    Text1.TEXT = Text1.TEXT + Str(7)
  Else
    Text1.TEXT = Str(7)
    TF = 0
  End If
End Sub
```

La première instruction teste la valeur de la variable publique **TF**. Comme nous le verrons par la suite, cette variable a pour valeur **0**, sauf lorsqu'une des touches **/**, *****, **+** ou **-** a été pressée. Dans ce cas, **TF** vaut **1**. Si la variable **TF** vaut **0**, le chiffre 7 doit être ajouté à la suite des éventuels autres chiffres tapés :

```
If TF = 0 Then
  Text1.TEXT = Text1.TEXT + Str(7)
```

Dans le cas contraire, le chiffre 7 est le premier chiffre du second opérateur. Il est donc nécessaire d'effacer le nombre précédemment affiché :

```
Else
   Text1.TEXT = Str(7)
```

et de remettre la variable **TF** à zéro pour éviter l'effacement du second opérateur lors de l'appui sur une autre touche :

```
TF = 0
```

Copiez le même code dans chacune des procédures relatives au clic sur les boutons numériques, mais remplacez la valeur **7** par le chiffre correspondant au bouton traité ; par exemple, pour la touche 5 :

```
Private Sub Command7_Click()
   If TF = 0 Then
      Text1.TEXT = Text1.TEXT + Str(5)
   Else
      Text1.TEXT = Str(5)
      TF = 0
   End If
End Sub
```

Passons au traitement des boutons d'opérations.

Double-cliquez sur le bouton / et entrez le code suivant :

```
Private Sub Command4_Click()
   N1 = Val(Text1.TEXT)
   TF = 1
   Signe = 1
End Sub
```

La première instruction copie le contenu de la zone de texte dans la variable numérique **N1**. Remarquez la conversion numérique de la propriété à l'aide de l'opérateur **Val** :

```
N1 = Val(Text1.TEXT)
```

La seconde instruction initialise la variable **TF** à 1 pour indiquer qu'une touche d'opération a été pressée :

```
TF = 1
```

La troisième opération mémorise le type de la touche pressée dans la variable **Signe**. La valeur 1 correspond à une division.

```
Signe = 1
```

A part l'initialisation de la variable Signe, le code correspondant aux autres boutons d'opération est le même. Utilisez un copier/coller pour insérer le même code dans les procédures de traitement des boutons *, + et - ; mais initialisez la variable **Signe** à 2 pour la multiplication, 3 pour l'addition et 4 pour la soustraction.

Encore deux boutons et la calculatrice sera opérationnelle. Courage !

Double-cliquez sur la touche **C**, puis entrez les instructions suivantes :

```
Private Sub Command14_Click()
  Text1.TEXT = ""
  N1 = 0
End Sub
```

Comme sur toutes les calculatrices, la touche **C** annule le calcul en cours. La première instruction efface le contenu de la zone de texte :

```
Text1.TEXT = ""
```

La seconde instruction annule l'éventuel nombre mémorisé comme premier argument dans la variable N1 :

```
N1 = 0
```

Enfin, la dernière ligne droite. Double-cliquez sur la touche = et entrez le code suivant :

```
Private Sub Command15_Click()
N2 = Val(Text1.TEXT)
Select Case Signe
  Case 1
    N3 = N1 / N2
  Case 2
    N3 = N1 * N2
  Case 3
    N3 = N1 + N2
```

```
   Case 4
     N3 = N1 - N2
 End Select
 Text1.TEXT = Str(N3)
 TF = 1
 End Sub
```

Après conversion avec la fonction **Val**, la première instruction mémorise le second argument du calcul dans la variable **N2** :

```
N2 = Val(Text1.TEXT)
```

Une structure **Select Case** teste alors la valeur de la variable **Signe** pour déterminer l'opération à effectuer. Le résultat de l'opération est stocké dans la variable **N3**. Il est ensuite affiché dans la zone de texte :

```
Text1.TEXT = Str(N3)
```

Pour terminer, la variable **TF** est initialisée à 1. De cette façon, la saisie d'un nouveau nombre aura pour effet d'effacer la zone de texte.

Vous êtes sans doute impatient(e) de lancer cette application. Appuyez donc sur **F5**. Malheur ! Les problèmes sont multiples et variés : l'entrée du second argument de l'opération n'efface pas la zone de texte, et, comble de malchance, le résultat affiché lors de l'appui sur la touche = est toujours nul...

Pas de panique ! Le mal est moins grave qu'il n'y paraît.

Certaines procédures utilisent des variables. Par exemple, les procédures affectées aux boutons d'opération mémorisent le premier opérateur dans la variable **N1**. Malheureusement, les variables déclarées ou utilisées pour la première fois dans une procédure sont, par défaut, réservées à cette procédure. Voilà la source de tous nos soucis. Pour que les variables soient publiques, c'est-à-dire accessibles à toutes les procédures du module, il faut insérer une instruction **Public** dans la section **(déclarations)** du module.

Dans la fenêtre du code, sélectionnez **(Général)** dans la liste modifiable **Objet**, et **(déclarations)** dans la liste modifiable **Proc**. Vous pouvez maintenant définir les variables publiques **N1**, **Signet** et **TF** en entrant les instructions suivantes :

```
Public N1 As Double
Public Signe As Byte
Public TF As Byte
```

Exécutez le projet. Il fonctionne à merveille, n'est-ce pas ? Et il n'a pas fallu plus d'une demi-heure pour le réaliser.

Le listing de l'application

Voici la totalité du code relatif aux quinze boutons de commande et à la section **(déclarations)**.

Si vous avez téléchargé les programmes sources développés dans cet ouvrage, ce projet se trouve par défaut dans le répertoire **SSM\CALCULET**.

```
Public N1 As Double
Public Signe As Byte
Public TF As Byte
Private Sub Command1_Click()
  If TF = 0 Then
    Text1.TEXT = Text1.TEXT + Str(7)
  Else
    Text1.TEXT = Str(7)
    TF = 0
  End If
End Sub

Private Sub Command10_Click()
  N1 = Val(Text1.TEXT)
  TF = 1
  Signe = 4
End Sub

Private Sub Command11_Click()
  If TF = 0 Then
    Text1.TEXT = Text1.TEXT + Str(1)
  Else
    Text1.TEXT = Str(1)
```

```
    TF = 0
  End If
End Sub

Private Sub Command12_Click()
  If TF = 0 Then
    Text1.TEXT = Text1.TEXT + Str(2)
  Else
    Text1.TEXT = Str(2)
    TF = 0
  End If
End Sub

Private Sub Command13_Click()
  If TF = 0 Then
    Text1.TEXT = Text1.TEXT + Str(3)
  Else
    Text1.TEXT = Str(4)
    TF = 0
  End If
End Sub

Private Sub Command14_Click()
  Text1.TEXT = ""
  N1 = 0
End Sub

Private Sub Command15_Click()
n2 = Val(Text1.TEXT)
Select Case Signe
  Case 1
    n3 = N1 / n2
  Case 2
    n3 = N1 * n2
  Case 3
    n3 = N1 + n2
  Case 4
    n3 = N1 - n2
End Select
Text1.TEXT = Str(n3)
TF = 1
End Sub
```

```
Private Sub Command2_Click()
  If TF = 0 Then
    Text1.TEXT = Text1.TEXT + Str(8)
  Else
    Text1.TEXT = Str(8)
    TF = 0
  End If
End Sub

Private Sub Command3_Click()
  If TF = 0 Then
    Text1.TEXT = Text1.TEXT + Str(9)
  Else
    Text1.TEXT = Str(9)
    TF = 0
  End If
End Sub

Private Sub Command4_Click()
  N1 = Val(Text1.TEXT)
  TF = 1
  Signe = 1
End Sub

Private Sub Command5_Click()
  N1 = Val(Text1.TEXT)
  TF = 1
  Signe = 2
End Sub

Private Sub Command6_Click()
  If TF = 0 Then
    Text1.TEXT = Text1.TEXT + Str(4)
  Else
    Text1.TEXT = Str(4)
    TF = 0
  End If
End Sub

Private Sub Command7_Click()
  If TF = 0 Then
    Text1.TEXT = Text1.TEXT + Str(5)
  Else
```

```
    Text1.TEXT = Str(5)
    TF = 0
  End If
End Sub

Private Sub Command8_Click()
  If TF = 0 Then
    Text1.TEXT = Text1.TEXT + Str(6)
  Else
    Text1.TEXT = Str(6)
    TF = 0
  End If
End Sub

Private Sub Command9_Click()
  N1 = Val(Text1.TEXT)
  TF = 1
  Signe = 3
End Sub

Private Sub Form_Load()
  TF = 0
End Sub
```

Résumé

Ce chapitre vous a permis de réaliser un premier vrai projet. Vous avez en particulier appris à :

- utiliser des copier/coller pour gagner du temps dans la saisie d'un code répétitif,

- faire la différence entre les variables privées (Private) et publiques (Public).

Chapitre 9

Un projet multifenêtre

Le but à atteindre

Dans ce chapitre, nous ajouterons un bouton de commande et une boîte de dialogue au projet du Chapitre 7.

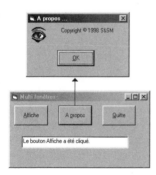

Figure 9.1 : Les boîtes de dialogue de l'application Multifenêtre.

Les boutons **Affiche** et **Quitte** ont toujours la même fonction. La bouton **A propos** affiche une boîte de dialogue de copyright modale. Le seul moyen de la quitter est de cliquer sur sa case de fermeture ou sur le bouton **OK**.

Définition de l'interface

La boîte de dialogue définie dans le Chapitre 6 servira de point de départ à cette application. Si vous avez bien compris le fonctionnement de la barre d'outils et du générateur de code, il ne devrait guère vous falloir plus de quelques minutes pour la définir à nouveau.

La boîte de dialogue principale

Vous allez apporter trois modifications à cette boîte de dialogue :

1. Elargissez-la de telle sorte qu'elle puisse loger un troisième bouton de commande.

2. Insérez un nouveau bouton de commande entre les boutons **Affiche** et **Quitte**. Affectez la valeur **A &propos** à la propriété **Caption** de ce bouton.

3. Affectez la valeur **Multifenêtre** à la propriété **Caption** de la boîte de dialogue.

Après ces trois étapes, la boîte de dialogue **Multifenêtre** devrait ressembler à ceci :

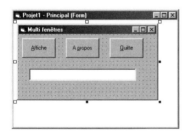

**Figure 9.2 : La boîte de dialogue
principale après modification.**

La boîte de dialogue A propos...

Nous allons maintenant définir une seconde boîte de dialogue qui sera affichée lors d'un appui sur le bouton **A propos**.

Lancez la commande **Ajouter une feuille** dans le menu **Projet** pour attacher une autre feuille au projet. Sélectionnez l'icône **Feuille** et appuyez sur le bouton **Ouvrir**.

Affectez la valeur **A propos** à la propriété **Name**, et la valeur **A propos** à la propriété `Caption` de cette boîte de dialogue.

Cliquez sur l'icône **Image** dans la Boîte à outils, et tracez un rectangle de petites dimensions dans la partie supérieure gauche de la boîte de dialogue. Dans l'onglet des propriétés, cliquez sur l'entrée **Picture**. Un bouton contenant trois points de suspension est affiché dans la partie droite de la fenêtre, en face de la propriété `Picture`. Cliquez sur ce bouton. La boîte de dialogue **Charger une image** est affichée. Sélectionnez l'icône **EYE.ICO** qui se trouve dans le dossier **Graphics\Icons\Misc** du dossier d'installation de Visual Basic. L'image est insérée dans la boîte de dialogue. Si ce dossier n'existe pas, cela signifie que les icônes n'ont pas été installées sur votre disque dur. Reportez-vous au Chapitre 3 pour savoir comment installer un nouveau composant de Visual Basic.

Vous allez maintenant ajouter un texte dans la boîte de dialogue. Cliquez sur l'icône **Label** dans la Boîte à outils. Tracez un cadre rectangulaire à côté de l'image, et entrez la valeur `Copyright © 1997 S&&SM` dans la propriété `Caption` de ce contrôle.

 Le caractère de copyright a été inséré en maintenant la touche Alt enfoncée et en tapant le code 184 sur le pavé numérique, touche Verr Num verrouillée.

Remarquez les deux esperlouètes successifs. Comme nous l'avons évoqué dans le Chapitre 6, le caractère & a une signification particulière dans la propriété Caption d'un contrôle. Pour afficher un & dans l'étiquette d'un contrôle, il suffit de doubler ce caractère.

Ajoutez enfin un bouton de commande dans la boîte de dialogue, puis affectez la valeur `&OK` à sa propriété `Caption`.

Pour terminer, redimensionnez la boîte de dialogue pour qu'elle s'adapte à la taille des contrôles utilisés.

Après tous ces aménagements, la boîte de dialogue **A propos...** devrait ressembler à celle de la Figure 9.3 :

Figure 9.3 : La boîte de dialogue
A propos... totalement définie.

Procédures de traitement

Pour terminer l'application, nous devons attacher une procédure de commande :

- au bouton **A propos** de la boîte de dialogue **Multifenêtre,**

- au bouton **OK** de la boîte de dialogue **A propos ...**.

Un clic sur le bouton **A propos** dans la boîte de dialogue **Multifenêtres** doit provoquer l'affichage de la boîte de dialogue **A propos...**. Pour arriver à ce résultat, nous utiliserons la méthode Show. Double-cliquez sur le bouton **A propos** et entrez la ligne de code en gras :

```
Private Sub Command2_Click()
Apropos.Show 1
End Sub
```

Il est aisé de le comprendre : la méthode **Show** affiche la boîte de dialogue **A propos...**. Mais vous vous interrogez peut-être sur la signification du **1** à la fin de l'instruction. Cliquez sur le mot Show et appuyez sur **F1** pour afficher l'aide correspondante.

Modale ou non ?

Comme vous le voyez, Style détermine si la boîte de dialogue affichée est modale ou non. En donnant la valeur 1 à ce paramètre, la boîte de dialogue A propos... devient

modale. En d'autres termes, cette boîte de dialogue devra être refermée par l'utilisateur avant qu'il puisse retourner à la boîte de dialogue principale.

Nous allons maintenant définir la procédure de traitement affectée au bouton **OK** de la boîte de dialogue **A propos...** Double-cliquez sur ce bouton et entrez la ligne de code en gras :

```
Private Sub Command1_Click()
Apropos.Hide
End Sub
```

Cette instruction utilise la méthode Hide pour fermer la boîte de dialogue **A propos...**.

En consultant l'aide interactive au sujet de cette méthode, vous apprenez que le nom de l'objet est facultatif. En cas d'omission, c'est la boîte de dialogue active qui est fermée. La procédure aurait donc pu être :

```
Private Sub Command1_Click()
  Hide
End Sub
```

Où sont affichées les boîtes de dialogue ?

Les boîtes de dialogue ne sont pas affichées n'importe où sur l'écran : leurs propriétés Left et Top définissent leur position par rapport au coin supérieur gauche de l'écran. Ces propriétés peuvent être automatiquement mises à jour si vous utilisez l'onglet Présentation des feuilles. Il suffit en effet de déplacer visuellement la boîte de dialogue dans l'écran pour affecter en conséquence les propriétés Left et Top. Si vous le désirez, vous pouvez également les modifier vous-même pour obtenir un positionnement plus précis.

Si vous avez téléchargé les programmes sources développés dans cet ouvrage, ce projet se trouve par défaut dans le répertoire **SSM\MULTIPLE**.

Encore plus simple

La fonction `MsgBox` fabrique des boîtes de message simples comportant une icône, du texte et un, deux ou trois boutons. Dans notre exemple, un appel à `MsgBox` peut remplacer la feuille **A propos**.

Voici la syntaxe de cette fonction :

```
MsgBox(prompt[, buttons][, title])
```

- **prompt** est le message à afficher dans la boîte de dialogue.

- **buttons** est une expression numérique qui indique le nombre et le type des boutons à afficher, le style d'icône à utiliser, l'identité du bouton par défaut, ainsi que la modalité de la boîte de dialogue.

- **title** est le titre de la boîte de dialogue.

Exemple

Ajoutez le code en gras ci-après dans la procédure affectée au bouton **A propos** de la boîte de dialogue **Multifenêtres**.

```
Private Sub Command2_Click(Index As Integer)
    'Apropos.Show 1
Reponse = MsgBox("Copyright © 1998 SSM",
vbInformation + vbOKOnly + vbSystemModal, "A propos
...")
End Sub
```

Le second argument de la fonction apporte trois précisions :

- On désire afficher l'icône Information dans la boîte de dialogue (**vbInformation**).

- Seul le bouton **OK** doit être affiché (**vbOKOnly**).

- La boîte de dialogue est modale (**vbSystemModal**).

Pour aller plus loin avec la fonction `MsgBox`, consultez l'aide interactive. Pour ce faire, tapez **MsgBox** dans l'éditeur de code et appuyez sur **F1**. Vous découvrirez la syntaxe complète de l'instruction et les nombreux paramètres possibles.

Figure 9.4 : La boîte de message affichée avec la fonction MsgBox.

Résumé

Dans ce chapitre, vous avez appris à placer des contrôles Label et Image dans une boîte de dialogue. Vous savez également utiliser les méthodes Show et Hide pour afficher ou cacher une boîte de dialogue. Enfin, vous connaissez le fonctionnement de la fonction Msg-Box qui affiche des boîtes de message simples.

Chapitre 10

Cherchez l'erreur

Après lecture de ce chapitre, vous connaîtrez les inévitables erreurs qui obscurciront tôt ou tard votre beau ciel bleu. Vous saurez quel "boguicide" utiliser en fonction de l'erreur rencontrée ; autrement dit, vous serez un programmeur Visual Basic heureux.

Les erreurs de programmation peuvent être réparties dans quatre grands groupes :

1. **Les erreurs de saisie**

    Comme l'indique leur nom, elles interviennent lors de la saisie du code. Généralement anodines, elles ne demandent qu'un ou deux clics souris pour disparaître.

2. **Les erreurs de compilation**

    Il s'agit essentiellement d'erreurs de saisie qui n'ont pas été corrigées, par étourderie ou par paresse ! Le boguicide intégré à Visual Basic 6.0 localise instantanément toutes ces erreurs.

3. **Les erreurs d'exécution**

    Elles sont causées par une instruction dont la syntaxe est correcte, mais dont les paramètres ne sont pas autorisés. La ligne mise en cause est clairement indiquée par Visual Basic pendant l'exécution.

4. Les comportements anormaux à l'exécution

De toutes les erreurs, ce sont les plus difficiles à identifier, surtout si le code est long et/ou complexe. Pour les dépister, vous utiliserez le débogueur intégré de Visual Basic : points d'arrêt, exécution pas à pas, fenêtre de débogage, etc. Bref, la grosse artillerie.

Les erreurs de saisie

Pendant la saisie, la touche **Entrée** du clavier permet de passer d'une ligne de code à la suivante. Quand vous appuyez sur cette touche, Visual Basic analyse le code de la ligne et tente de débusquer une erreur de syntaxe.

Exemple

Figure 10.1 : Une instruction For sans To génère une erreur pendant la saisie.

Dans cet exemple, l'instruction For n'est pas complète. Visual Basic détecte l'erreur lors de l'appui sur la touche **Entrée**. Une boîte de message signale le problème.

Vous pouvez :

1. Cliquer sur le bouton **OK**, puis corriger l'erreur.

2. Appuyer sur **F1** pour avoir plus d'informations sur le type de l'erreur. Une fenêtre d'aide plus complète est alors affichée.

3. Consulter la syntaxe de l'instruction mise en doute par Visual Basic. Pour cela, il suffit de cliquer sur le mot clé dont la syntaxe est erronée et d'appuyer sur **F1**.

Dans notre exemple, nous cliquons sur For et nous appuyons sur la touche **F1**. Un clic de souris plus tard, un écran d'aide affiche la syntaxe complète de l'instruction dans une fenêtre d'aide.

Les erreurs de compilation

Lorsque vous lancez une application en appuyant sur **F5**, seule la partie de code nécessaire à l'affichage de la fenêtre de départ est exécutée. Il est possible qu'une ou plusieurs lignes d'une procédure annexe contiennent des erreurs de syntaxe. Ces erreurs ne sont découvertes que lorsque la portion de code correspondante est exécutée.

Pour vous assurer que le code ne contient pas d'erreur dès le lancement de l'application, sélectionnez la commande Exécuter après compilation complète du menu Exécution, ou appuyez sur Ctrl+F5.

Les erreurs d'exécution

Les instructions sont toutes correctes, et pourtant une erreur est générée lors de l'exécution. Il peut s'agir d'une utilisation incorrecte d'une fonction mathématique, ou d'un passage de paramètre incorrect à une fonction Visual Basic.

Dans l'exemple ci-après, une instruction Debug.Print tente d'afficher une valeur dans la fenêtre de débogage :

```
Private Sub Quitter_Click()
```

```
    Debug.Print 1 / a
    End
End Sub
```

Malheureusement, la variable a vaut 0. La quantité "1 / a" est donc indéterminée. Son exécution entraîne l'affichage d'une boîte de dialogue qui précise le type de l'erreur.

Figure 10.2 : Boîte de dialogue affichée suite à une erreur d'exécution.

Un appui sur le bouton **Débogage** donne accès à la ligne responsable de l'erreur. Vous pouvez également appuyer sur le bouton **Aide** pour avoir des précisions supplémentaires sur l'erreur.

Les comportements anormaux

Pour travailler sur un exemple concret, vous allez ouvrir le projet **DESSIN.VBP.** Si vous avez téléchargé les programmes sources développés dans cet ouvrage, ce projet se trouve par défaut dans le répertoire **SSM\DEBUG**.

Exécutez ce projet en choisissant la commande **Exécuter avec compilation complète** dans le menu **Exécution**, ou en appuyant sur **Ctrl+F5**. Aucune erreur de compilation n'est détectée. L'outil crayon étant sélectionné, tracez quelques courbes harmonieuses en maintenant le bouton gauche de la souris enfoncé. Malédiction ! Le tracé ne suit pas la souris et se comporte d'une façon plutôt étrange :

D'où peut bien provenir le problème ?

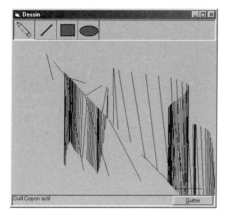

Figure 10.3 : L'outil Crayon ne donne pas le résultat escompté.

Certainement de la procédure MouseMove, puisqu'il se produit pendant le déplacement de la souris. Examinons cette procédure :

```
Sub Form_MouseMove(Button As Integer, Shift As
Integer, X As Single, Y As Single)
   If Tracé Then
     If OutilEnCours = 1 Then
       If (AncX = 9999) And (AncY = 9999) Then
         PSet (X, Y) ' Dessine un point
       Else
         Line (AncX, AncY)-(X, Y)
       End If
       AncX = X
       AncY = X
     End If
   End If
End Sub
```

L'erreur est facilement identifiable. Elle se trouve dans l'instruction qui mémorise l'ordonnée de la souris dans la variable AncY. Il faut bien entendu écrire :

```
        AncY = Y
et non :
        AncY = X
```

Relancez le programme. Maintenant, l'outil **Crayon** fonctionne.

Sélectionnez l'outil **Trait** et tentez de tracer quelques lignes droites. Cet outil se comporte comme l'outil **Crayon**. D'après vous, dans quelle procédure l'erreur se trouve-t-elle ?

Dans la procédure `trait_relevé_MouseDown`, qui sélectionne l'outil de dessin **Trait** lorsque l'utilisateur clique sur le deuxième bouton de la barre d'outils. Examinons cette procédure d'un peu plus près :

```
Private Sub trait_relevé_MouseDown(Button As
Integer, Shift As Integer, X As Single, Y As
Single)
   Deselectionne
   OutilEnCours = 1
   trait_relevé.Visible = False
   trait_enfoncé.Visible = True
   NomOutil.Caption = "Outil Trait actif"
End Sub
```

L'erreur se trouve dans la deuxième instruction. Il ne faut pas sélectionner le premier outil :

```
OutilEnCours = 1
```

mais le second :

```
OutilEnCours = 2
```

Lorsque la localisation de l'erreur est moins évidente, on a recours à une "division dichotomique" de la procédure incriminée. Si, si !

Qu'est-ce qu'une division dichotomique ?

Dans un programme, une division dichotomique consiste à définir un point d'arrêt au milieu de la procédure qui pose problème. Si l'application s'exécute jusqu'au point d'arrêt sans erreur, la suite du code est à nouveau divisée en deux et le point d'arrêt est reporté sur la seconde moitié du code, et ainsi de suite. Deux ou trois migrations du point d'arrêt suffisent en général pour localiser la source de l'erreur.

Pour placer un point d'arrêt, cliquez sur la ligne avant laquelle le programme doit s'arrêter, puis cliquez sur le bouton **Basculer le point d'arrêt** dans la barre d'outils **Débogage** (cette barre d'outils est affichée avec la commande **Barre d'outils/Débogage** dans le menu **Affichage**). Vous pouvez également utiliser la commande **Basculer le point d'arrêt** du menu **Débogage**, ou appuyer sur **F9**.

Le programme s'arrête juste avant l'instruction marquée d'un point d'arrêt. Vous pouvez poursuivre l'exécution de quatre façons différentes. Appuyez sur :

- **F8** pour continuer en mode "pas à pas détaillé". L'instruction suivante est exécutée et le programme s'arrête.

- **Maj+F8** pour continuer en mode "pas à pas principal". L'instruction suivante est exécutée. S'il s'agit d'un appel de procédure, toutes les instructions qui composent la procédure sont exécutées (contrairement au pas-à-pas détaillé) et le programme s'arrête.

- **Ctrl+F8** pour continuer à vitesse normale jusqu'à l'instruction sur laquelle est placé le point d'insertion.

- **F5** pour poursuivre l'exécution à vitesse normale jusqu'à ce que le point d'arrêt soit à nouveau rencontré.

Pour supprimer un point d'arrêt, vous pouvez :

- Cliquer dessus, puis sur l'icône **Basculer le point d'arrêt** dans la barre d'outils **Débogage**.

- Utiliser le raccourci clavier **Ctrl+Maj+F9.**

Les pièges à erreurs

Dans certaines situations, il est impossible d'éviter des erreurs pendant l'exécution ; par exemple, lorsque l'utilisateur quitte une boîte de dialogue commune (voir Chapitre 12) sans avoir effectué de sélection.

Dans ce cas, vous devez mettre en place un piège à erreur (un *error trap* comme disent les spécialistes).

Piéger l'erreur

Lorsque l'erreur se produit, le programme se débranche vers une étiquette connue : l'étiquette du piège. Vous effectuez (ou non) un traitement, puis vous reprenez l'exécution sur une instruction de votre choix ; généralement, sur l'instruction qui suit la ligne où s'est produite l'erreur.

L'exemple ci-après est extrait de l'application **OUVRIR.VBP**, qui illustre le fonctionnement de la boîte de dialogue commune **Ouvrir** et inclut des instructions de débranchement en cas d'erreur et de traitement des erreurs.

```
Private Sub Command1_Click()
   ' - - - - - - - - - - - - - - - - - - - - - - - - - -
   ' Définition des propriétés de la boîte de
dialogue
   ' - - - - - - - - - - - - - - - - - - - - - - - - - -
  CMD.DialogTitle = "Choisissez un fichier"
  CMD.CancelError = True
  CMD.Filter = "Bitmap (*.BMP)¦*.BMP¦DLL
(*.DLL)¦*.DLL¦Exécutables (*.EXE)¦*.EXE¦Fichiers
d'aide (*.HLP)¦*.HLP"
  CMD.FilterIndex = 1
  CMD.InitDir = "C:\WINDOWS"

   '
   ' Définition de la routine de traitement d'erreur
   ' et affichage de la boîte de dialogue
   '
  On Error GoTo Annuler
  CMD.ShowOpen
```

```
   '
   ' Message affiché si un fichier a été sélectionné
   '
   Text1.Text = "Le fichier " + CMD.filename + " a
été sélectionné."
   GoTo Suite:
   '
   ' Message affiché en cas d'erreur
   '
Annuler:
   Text1.Text = "Vous n'avez sélectionné aucun
fichier."
Suite:
End Sub
```

Dès qu'une erreur survient, l'instruction On Error GoTo Annuler débranche le programme vers l'étiquette Annuler. Visual Basic n'affiche aucun message d'erreur et n'effectue aucun traitement spécifique en rapport avec l'erreur : les instructions situées après l'étiquette Annuler se chargent de tout.

Vous pouvez utiliser l'instruction suivante pour ignorer l'instruction qui a causé l'erreur, et continuer en séquence :

On Error Resume Next

L'objet **Err** donne des informations sur l'erreur courante :

- La propriété **Err.Number** indique le numéro de l'erreur.

- La propriété **Err.Description** indique le texte de l'erreur.

- La propriété **Err.Source** indique le nom de l'objet qui a généré l'erreur.

Ces trois propriétés peuvent être utilisées dans une routine de gestion pour connaître la cause exacte de l'erreur et adopter le comportement adéquat.

Résumé

Ce chapitre a présenté les quatre types d'erreurs que vous pourrez rencontrer lors de l'élaboration d'applications en Visual Basic, et vous a donné les remèdes correspondants.

Vous savez en particulier :

- Utiliser la méthode de division dichotomique pour localiser rapidement la source de l'erreur dans une procédure longue et/ou complexe.

- Placer un point d'arrêt, exécuter le code en mode **Pas à pas détaillé** ou en mode **Pas à pas principal**.

- Mettre en place un piège à erreurs pour éviter l'affichage de messages d'erreurs pendant l'exécution de l'application.

Chapitre 11

Des contrôles comme s'il en pleuvait

Une grande partie de la puissance et de la simplicité d'emploi de Visual Basic vient de l'universalité des contrôles. Ce chapitre dresse la liste des contrôles prédéfinis et introduit leur utilisation.

Avant de commencer

La Boîte à outils est une composante essentielle de Visual Basic. Elle contient un ensemble de contrôles représentés par des icônes. Pour définir une interface utilisateur, la majeure partie du travail consiste à faire glisser des contrôles de la Boîte à outils vers la ou les feuilles de l'application. Le comportement de ces contrôles est ensuite défini à l'aide de propriétés et d'éventuelles procédures de traitement.

Si la Boîte à outils n'est pas affichée, sélectionnez la commande **Boîte à outils** du menu **Affichage**. Selon vos préférences, la Boîte à outils peut être ancrée dans l'espace de travail ou affichée sous forme de palette flottante. Pour choisir son mode d'affichage, choisissez la commande **Options** du menu **Outils**. Sélectionnez l'onglet **Ancrage**, et cochez (ou décochez) la case **Boîte à outils**.

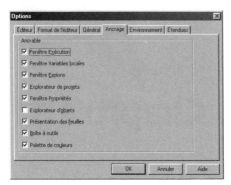

Figure 11.1 : Demande d'ancrage de la Boîte à outils.

Notez qu'un clic droit sur la Boîte à outils donne accès aux commandes :

- **Composants**, pour compléter la Boîte à outils avec des contrôles non standard.

- **Ajouter un onglet**, pour faciliter l'accès à un groupe de contrôles particulier en ajoutant un onglet.

- **Ancrable**, pour ancrer la Boîte à outils ou la transformer en palette flottante.

- **Masquer**, pour dissimuler la Boîte à outils.

Les contrôles standard

La Boîte à outils de base contient 21contrôles.

 Pointeur

Contrairement à toutes les autres icônes de la Boîte à outils, le pointeur ne correspond à aucun contrôle. Il sert à déplacer ou à redimensionner un contrôle déjà dessiné dans une feuille.

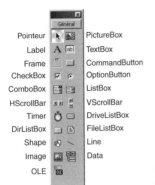

Pointeur		PictureBox
Label		TextBox
Frame		CommandButton
CheckBox		OptionButton
ComboBox		ListBox
HScrollBar		VScrollBar
Timer		DriveListBox
DirListBox		FileListBox
Shape		Line
Image		Data
OLE		

Figure 11.2 : Les contrôles de base disponibles dans Visual Basic 6.0.

 PictureBox

Un contrôle **PictureBox** permet d'afficher une image en mode point, une icône ou un métafichier. Mais il peut également être utilisé pour regrouper des boutons radio, et pour afficher des données manipulées par des méthodes graphiques et des textes issus de la méthode Print.

Notez également que **PictureBox** est le seul contrôle standard qui puisse être placé dans la zone interne d'une feuille MDI. Le Chapitre 14 montre comment l'utiliser pour créer une barre d'outils et une barre d'état dans une feuille MDI.

 Label

Les Labels sont des textes qui ne peuvent pas être modifiés par l'utilisateur (légendes, étiquettes, etc.). Selon la dimension qui leur est donnée et les caractéristiques du texte utilisé pour les remplir, ils peuvent être répartis sur une ou plusieurs lignes.

TextBox

Les contrôles TextBox (zones de texte) sont utilisés pour saisir des informations texte sur une ou plusieurs lignes.

 Frame

Les contrôles Frame (groupes d'options) sont utilisés pour rassembler visuellement et fonctionnellement plusieurs autres contrôles, notamment des cases à cocher ou des boutons radio.

 CommandButton

Un bouton de commande permet d'exécuter des lignes de code lorsque l'utilisateur :

- clique dessus ;
- appuie sur la touche **Entrée** après lui avoir donné le focus ;
- appuie simultanément sur la touche **Alt** et sur la lettre ou le chiffre souligné.

Ce type de contrôle est fréquemment utilisé dans une boîte de dialogue ; pour les boutons **OK** et **Annuler** par exemple.

 CheckBox

Les cases à cocher sont utilisées dans deux cas :

- pour indiquer si une option est vraie ou fausse;
- pour effectuer des choix multiples dans un groupe d'options.

94

OptionButton

Les boutons radio sont essentiellement utilisés dans des groupes d'options. A l'inverse des cases à cocher, un seul bouton peut être sélectionné dans un groupe d'options.

 ComboBox

Les listes modifiables permettent à l'utilisateur de choisir un élément dans la liste ou de saisir une valeur dans la zone de texte.

 ListBox

Les zones de liste affichent plusieurs éléments texte. Un seul d'entre eux peut être choisi par l'utilisateur. Si tous ses éléments ne peuvent pas être affichés en une seule fois, il est possible de faire défiler cette liste à l'aide d'une barre de défilement verticale.

 HScrollBar

 VScrollBar

Les barres de défilement permettent (entre autres) de déplacer le contenu d'une fenêtre trop large pour être affichée en une seule fois. Le curseur indique la position de la fenêtre dans la zone. Ces contrôles peuvent également être utilisés pour faciliter la saisie d'une donnée numérique.

 Timer

Les contrôles Timer n'apparaissent pas à l'exécution. Ils permettent de générer des événements à intervalles réguliers, par exemple pour mettre à jour des informations ou pour réaliser une animation.

DriveListBox

Le contrôle DriveListBox permet à l'utilisateur de choisir un des lecteurs de disques de l'ordinateur. Les noms des lecteurs s'affichent dans une liste modifiable un peu particulière. Contrairement aux listes modifiables conventionnelles, l'utilisateur ne peut pas saisir une valeur absente de la liste.

 DirListBox

Le contrôle DirListBox affiche, dans une zone de liste, l'arborescence d'un des lecteurs de l'ordinateur.

 FileListBox

Le contrôle FileListBox affiche, dans une zone de liste, les fichiers d'un disque et d'un répertoire de l'ordinateur.

 Shape

Le contrôle Shape permet de dessiner des formes dans une feuille : rectangle, rectangle arrondi, carré, carré arrondi, ovale ou cercle. Le type de forme est choisi dans la propriété Shape du contrôle.

 Line

Comme son nom l'indique, le contrôle Line permet d'insérer des lignes dans une feuille. La propriété BorderStyle détermine le type de ligne : continu, pointillés courts, pointillés longs, etc.

 Image

Le contrôle Image permet d'afficher une image en mode point, une icône ou un métafichier. Ses possibilités sont moins étendues que celles d'un contrôle PictureBox, mais il est moins gourmand en ressources.

 Data

Le contrôle Data donne accès aux données provenant de bases de données. Les champs d'une des tables ou requêtes de la base sont affichés dans des zones de texte liées.

 OLE

Un conteneur OLE permet de lier et d'incorporer un objet provenant d'une autre application dans une feuille Visual Basic : une feuille de calcul Excel, un vidéo AVI ou QuickTime, un son, etc.

Les contrôles spécifiques à Windows 95

Certains contrôles, spécifiques à Windows 95, sont accessibles grâce à l'OCX **Microsoft Windows Common Controls 6.0**. Ils permettent de reproduire le "look and feel" de Windows 95.

Figure 11.3 : Les contrôles spécifiques à Windows 95.

TabStrip

Le contrôle TabStrip permet d'insérer des onglets dans une application. Après l'avoir déposé sur la feuille, faites un clic droit sur ce contrôle et sélectionnez **Propriétés**. La définition des onglets se fait dans la boîte de dialogue **Pages de propriétés**, sous l'onglet **Onglets**.

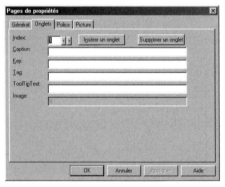

Figure 11.4 : Définition des onglets d'un contrôle TabStrip.

Lorsque l'utilisateur clique sur un onglet, un événement TabStrip_Click est généré. La dissimulation et l'affichage des contrôles de l'onglet sélectionné sont à la charge du programmeur.

 Toolbar

Dans le Chapitre 14, vous apprendrez à définir une barre d'outils. Comme vous le verrez, sa mise en place demande précision et rigueur, et la qualité du résultat n'est pas toujours proportionnelle au temps passé. Grâce au contrôle Toolbar, vos applications n'auront plus rien à envier aux barres d'outils d'aspect très professionnel que l'on rencontre, par exemple, chez les membres du groupe Office.

Pour installer une barre d'outils dans une application, vous devez dans un premier temps définir les icônes qui vont y être logées. Pour cela, ajoutez un contrôle `ImageList` à la feuille et renseignez-le. Ajoutez ensuite un contrôle `Toolbar`, faites un clic droit sur ce contrôle et sélectionnez **Propriétés**. L'onglet **Général** étant sélectionné, indiquez le nom du contrôle `ImageList` dans la liste modifiable **ImageList**.

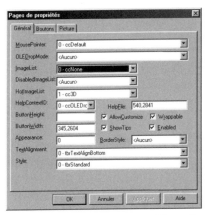

Figure 11.5 : Attache d'un contrôle Toolbar à la barre d'outils.

Sélectionnez l'onglet **Boutons** et renseignez les diverses zones pour décrire chaque bouton.

Dans le code, le clic sur un des boutons de la barre d'outils est identifié par la propriété `Key` du contrôle.

 StatusBar

Le contrôle `StatusBar` permet d'ajouter une barre d'état dans une application. Après l'avoir déposé sur la feuille, faites un clic droit sur le contrôle et sélectionnez **Propriétés**. Sélectionnez l'onglet **Zones** et paramétrez la boîte de dialogue pour définir les diverses zones (panels) de la barre d'outils.

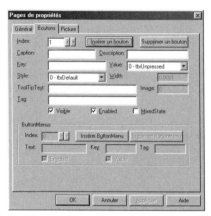

Figure 11.6 : Définition des boutons de la barre d'outils.

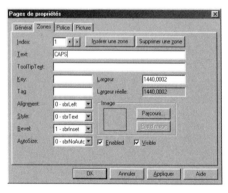

Figure 11.7 : Définition des zones de la barre d'outils.

 ProgressBar

Le contrôle ProgressBar est une jauge de progression. Ses propriétés Min, Max et Value définissent les valeurs minimale, maximale et actuelle de l'indicateur. Gérée par le code, la propriété

Value peut, par exemple, représenter la progression dans l'installation d'une application.

 ImageList

Ce contrôle est invisible pendant l'exécution. Il contient une liste d'images mises à la disposition des autres contrôles de la feuille. Il permet, par exemple, de définir les icônes d'une barre d'outils.

Pour définir les images à stocker dans le contrôle, déposez un contrôle ImageList sur la feuille, faites un clic droit sur ce contrôle et sélectionnez **Propriétés**. La boîte de dialogue **Pages de propriétés** vous permet de sélectionner très simplement les images à insérer et leurs dimensions.

Figure 11.8 : Choix des images insérées dans un contrôle ImageList.

 Slider

Le contrôle Slider facilite la saisie de valeurs numériques dans une plage : l'utilisateur déplace un curseur horizontalement ou verticalement. Lorsqu'il relâche le bouton gauche de la souris, la propriété Value indique la valeur du contrôle. Les propriétés Min et Max précisent les valeurs minimale et maximale du contrôle.

Le contrôle **ImageCombo** est une version de la zone de liste modifiable Windows standard capable de gérer des images : une image peut être affectée à chaque élément de la partie liste du contrôle.

Les contrôles **TreeView** et **ListView** dépassent le cadre de cet ouvrage.

Les contrôles personnalisés

Si vous craigniez d'avoir fait le tour des contrôles de Visual Basic, rassurez-vous ! De nouveaux contrôles appelés **contrôles personnalisés** peuvent être ajoutés et supprimés de la Boîte à outils en quelques clics souris. Cela étend à l'infini les possibilités de Visual Basic. Ces contrôles se trouvent dans des fichiers d'extension **.DLL** ou **.OCX**. Certains sont fournis avec Visual Basic, d'autres sont proposés par des revendeurs spécialisés (Programmer's Paradise ou SOS Développeurs, par exemple) ou relèvent du domaine shareware.

Ajout d'un contrôle personnalisé

Pour ajouter un contrôle personnalisé dans la Boîte à outils, faites un clic droit sur la Boîte à outils et sélectionnez **Composants**. La boîte de dialogue **Contrôles personnalisés** est affichée. Sélectionnez si nécessaire l'onglet **Contrôles** pour afficher les contrôles disponibles. Cochez la case correspondant au contrôle à ajouter, puis appuyez sur le bouton **OK**.

Un projet utilise-t-il des contrôles personnalisés ?

Inversement, si vous désirez connaître les contrôles personnalisés utilisés dans un projet, il vous suffit d'afficher la boîte de dialogue

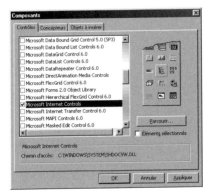

Figure 11.9 : Dans cet exemple, l'OCX Microsoft Internet Controls va être ajouté dans la Boîte à outils. La partie inférieure de la boîte de dialogue nous indique la provenance de ce fichier.

Composants. Sélectionnez, si nécessaire, l'onglet **Contrôles**. Les entrées cochées dans la zone de liste **Contrôles disponibles** correspondent aux contrôles utilisés.

Suppression d'un contrôle personnalisé

La suppression d'un contrôle personnalisé d'un projet se fait en deux étapes :

1. Supprimez toutes les occurrences du contrôle dans la ou les feuilles du projet, et toutes les références au contrôle dans le code du projet.

2. Décochez la case correspondant au contrôle dans la boîte de dialogue **Composants**.

Résumé

Dans ce chapitre, vous avez appris à reconnaître les contrôles standard de la Boîte à outils. Vous avez également fait connaissance avec les contrôles personnalisés. En particulier, vous avez appris à les afficher dans la Boîte à outils. Reportez-vous aux Chapitres 14 à 29 pour avoir des exemples concrets de leur utilisation.

Chapitre 12

Les boîtes de dialogue communes

Si le travail bien fait est une de vos préoccupations, vous utiliserez sans peine les boîtes de dialogue communes, c'est-à-dire prêtes à l'emploi ; cela assure l'uniformité des programmes Windows et tranquillise l'utilisateur. Comme vous pourrez le constater, leur mise en œuvre est des plus simples. Il suffit d'initialiser des propriétés et d'appeler la méthode adéquate. Les boîtes de dialogue accessibles par ce procédé concernent l'ouverture, l'enregistrement et l'impression de fichiers, ainsi que la sélection de couleurs et de polices.

Avant de commencer

Pour pouvoir afficher une boîte de dialogue commune dans un projet Visual Basic 6.0, vous devez au préalable activer le contrôle personnalisé **Microsoft Common Dialog Control 6.0**. Faites un clic droit sur la boîte à outils et sélectionnez **Composants**. Dans la boîte de dialogue **Composants**, cochez la case **Microsoft Common Dialog Control 6.0** sous l'onglet **Contrôles,** puis appuyez sur le bouton **OK**.

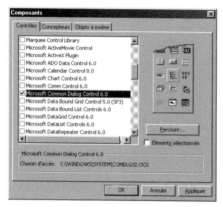

**Figure 12.1 : Installation du contrôle personnalisé
Microsoft Common Dialog Control 6.0.**

Cette manipulation a permis d'ajouter le contrôle CommonDialog
dans la boîte à outils.

 Le contrôle CommonDialog.

Pour accéder à une boîte de dialogue commune, vous devez ajouter
un contrôle CommonDialog dans une des feuilles du projet. Les
pages suivantes décrivent les spécificités d'appel et de retour de chacune des boîtes de dialogue accessibles par ce procédé.

 Si vous le désirez, il est possible d'inclure automatiquement ce contrôle personnalisé dans tous les nouveaux
projets. Pour ce faire, vous devez ajouter le fichier
COMDLG32.OCX dans la macro AUTOLOAD.MAK.

La boîte de dialogue Ouvrir

La boîte de dialogue **Ouvrir** permet de sélectionner un fichier dans
les mémoires de masse de l'ordinateur : disquettes, disques durs,
CD-ROM, etc. Elle est attachée à la méthode **ShowOpen**. Pour pou-

voir afficher une boîte de dialogue **Ouvrir**, une ou plusieurs propriétés doivent être renseignées. Le tableau ci-après dresse la liste des principales propriétés utilisables :

Propriété	Effet
CancelError	Initialisée à True, cette propriété renvoie le code d'erreur 32755 (CDERR_CANCEL) lorsque le bouton Annuler est pressé.
DefaultExt	Définit l'extension par défaut du nom du fichier à ouvrir.
DialogTitle	Définit la chaîne affichée dans la barre de titre de la boîte de dialogue.
FileName	Définit le chemin d'accès et le nom du fichier sélectionné par défaut.
Filter	Définit le ou les filtres à utiliser. Ces filtres apparaissent dans la liste modifiable Type de la boîte de dialogue. La syntaxe est objet.Filter [= description1 ¦filtre1 ¦description2 ¦filtre2...].
FilterIndex	Spécifie le filtre à utiliser par défaut dans la boîte de dialogue Ouvrir. La syntaxe est objet.FilterIndex [= 1 ¦ 2 ¦ 3 ¦ 4...].
Flags	Définit les options de la boîte de dialogue. La syntaxe de l'instruction est objet.Flags [= valeur], où *valeur est la somme d'une ou de plusieurs constantes. Consultez l'aide interactive concernant la propriété Flags pour avoir de plus amples informations.*
InitDir	Définit le répertoire des fichiers affichés à l'ouverture de la boîte de dialogue.

Lorsque la ou les propriétés de votre choix ont été renseignées, un simple appel à la méthode ShowOpen affiche la boîte de dialogue **Ouvrir**. Vous pouvez ensuite utiliser la propriété filename pour connaître le nom du fichier sélectionné.

Exemple

Nous allons définir un projet qui permettra à l'utilisateur de sélectionner un fichier dans une boîte de dialogue **Ouvrir**. Voici le résultat à atteindre :

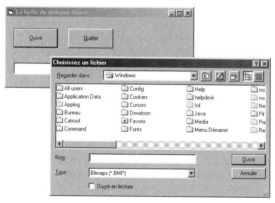

Figure 12.2 : Utilisation d'une boîte de dialogue Ouvrir pour sélectionner un fichier BMP.

Réalisation

Sélectionnez la commande **Nouveau projet** du menu **Fichier** pour définir un nouveau projet. Si nécessaire, ajoutez le contrôle Common-Dialog dans la boîte à outils. Pour ce faire, lancez la commande **Contrôles personnalisés** dans le menu **Outils** et validez.

Ajoutez le contrôle CommonDialog dans la feuille de l'application. Cliquez dessus et donnez-lui le nom **CMD** (propriété Name).

Définissez deux boutons de commande et une zone de texte. Appelez respectivement ces deux boutons **&Ouvrir** et **&Quitter** (propriété Caption). Supprimez le texte affiché par défaut dans la zone de texte en effaçant le contenu de la propriété Text. Définissez enfin le titre de la boîte de dialogue : **Ouvrir**. Pour ce faire, renseignez sa propriété Caption.

Si vous avez suivi nos indications, la feuille du projet doit maintenant avoir l'allure suivante :

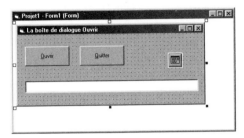

Figure 12.3 : La boîte de dialogue du projet en mode Création.

Vous allez maintenant affecter un code aux deux boutons de commande.

Double-cliquez sur le bouton **Ouvrir** et définissez les lignes de code suivantes :

```
Private Sub Command1_Click()
    ' - - - - - - - - - - - - - - - - - - - - - - - -
    ' Définition des propriétés de la boîte de
       ➥dialogue
    ' - - - - - - - - - - - - - - - - - - - - - - - -
    CMD.DialogTitle = "Choisissez un fichier"
    CMD.CancelError = True
    CMD.Filter = "Bitmap (*.BMP)¦*.BMP¦DLL
    ➥(*.DLL)¦*.DLL¦Exécutables (*.EXE)¦*.EXE¦Fichiers
    ➥d'aide (*.HLP)¦*.HLP"
    CMD.FilterIndex = 1
    CMD.InitDir = "C:\WINDOWS"


    ' Définition de la routine de traitement d'erreur
    ' et affichage de la boîte de dialogue

    On Error GoTo Annuler
    CMD.ShowOpen
```

```
'
' Message affiché si un fichier a été sélectionné
'
Text1.TEXT = "Le fichier " + CMD.filename + " a
➡été sélectionné."
GoTo Suite:

'
' Message affiché en cas d'erreur
'
Annuler:
  Text1.TEXT = "Vous n'avez sélectionné aucun
➡fichier."

Suite:

End Sub
```

La procédure débute par la modification du titre de la boîte de dialogue :

```
CMD.DialogTitle = "Choisissez un fichier"
```

La propriété CancelError est ensuite réglée sur True, ce qui aura pour effet de déclencher une erreur si l'utilisateur appuie sur le bouton **Annuler** :

```
CMD.CancelError = True
```

La ligne suivante définit quatre filtres. Grâce à eux, l'utilisateur pourra visualiser simplement les fichiers bitmap, DLL, EXE et les fichiers d'aide :

```
CMD.Filter = "Bitmap (*.BMP)¦*.BMP¦DLL
➡(*.DLL)¦*.DLL¦Exécutables
(*.EXE)¦*.EXE¦Fichiers ➡d'aide (*.HLP)¦*.HLP"
```

La propriété FilterIndex est initialisée à 1. Le filtre utilisé par défaut sera donc **Bitmap (*.BMP)|*.BMP** :

```
CMD.FilterIndex = 1
```

Enfin, le répertoire de recherche par défaut est initialisé à **C:\WINDOWS** :

```
CMD.InitDir = "C:\WINDOWS"
```

La propriété CancelError ayant été initialisée à True, il est important de définir une routine de gestion des erreurs. Sans quoi, tout appui sur le bouton **Annuler** se soldera par l'affichage d'une boîte de dialogue d'erreur de Visual Basic. Pour cela, on utilise l'instruction On Error GoTo qui définit l'étiquette de la routine de traitement d'erreur :

```
On Error GoTo Annuler
```

La boîte de dialogue ainsi paramétrée est ensuite affichée par un simple appel de la méthode ShowOpen :

```
CMD.ShowOpen
```

Si l'utilisateur sélectionne un fichier et appuie sur le bouton **OK**, aucune erreur n'est générée et le programme s'exécute en séquence. Le programme modifie la propriété TEXT du contrôle Text1, c'est-à-dire de la zone de texte. Grâce à la propriété filename, le nom du fichier sélectionné est affiché dans la zone de texte :

```
Text1.TEXT = "Le fichier " + CMD.filename + " a
➥été sélectionné."
```

Pour ne pas exécuter la routine de traitement d'erreur, le programme se débranche vers la dernière instruction de la procédure :

```
GoTo Suite:
```

Lorsque l'utilisateur appuie sur le bouton **Annuler**, l'instruction située après l'étiquette Annuler est exécutée. Cette instruction affiche dans la zone de texte un message indiquant qu'aucun fichier n'a été sélectionné :

```
Annuler:
  Text1.TEXT = "Vous n'avez sélectionné aucun
➥fichier."
```

Si vous avez téléchargé les programmes sources développés dans cet ouvrage, ce projet se trouve par défaut dans le répertoire **SSM\OUVRIR**.

La boîte de dialogue Enregistrer sous

Les boîtes de dialogue **Enregistrer sous** et **Ouvrir** sont très proches. Seule la méthode à utiliser est différente. Si vous avez téléchargé les programmes sources développés dans cet ouvrage, vous trouverez dans le répertoire **\SSM\ENREG** une application permettant de définir le nom d'un fichier de sauvegarde dans une boîte de dialogue **Enregistrer sous**.

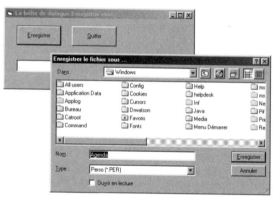

Figure 12.4 : Les deux boîtes de dialogue affichées par le projet ENREG.

Voici le listing de la procédure associée au clic sur le premier bouton de commande :

```
Private Sub Command1_Click()
    ' - - - - - - - - - - - - - - - - - - - - - - - - - -
    ' Définition des propriétés de la boîte de
    ➡dialogue
    ' - - - - - - - - - - - - - - - - - - - - - - - - - -
    CMD.DialogTitle = "Enregistrer le fichier sous ..."
    CMD.CancelError = True
    CMD.Filter = "Perso (*.PER)|(*.PER)|Tous les
    ➡fichiers (*.*)|*.*"
    CMD.FilterIndex = 1
    CMD.InitDir = "C:\WINDOWS"
```

```
    CMD.filename = "Agenda.per"

    '
    ' Définition de la routine de traitement d'erreur
    ' et affichage de la boîte de dialogue
    '
    On Error GoTo Annuler
    CMD.ShowSave

    '
    ' Message affiché si un fichier a été sélectionné
    '
    Text1.TEXT = "La sauvegarde sera réalisée dans le
    ➥fichier " + CMD.filename + "."
    GoTo Suite:

    '
    ' Message affiché en cas d'erreur
    '
Annuler:
    Text1.TEXT = "Vous n'avez sélectionné aucun
    ➥fichier de sauvegarde."

Suite:

End Sub
```

Remarquez en particulier :

> • La définition restreinte des filtres de sauvegarde :

```
CMD.Filter = "Perso (*.PER)¦(*.PER)¦Tous les
➥fichiers (*.*)¦*.*"
```

> • La sélection du nom de la sauvegarde par défaut :

```
CMD.filename = "Agenda.per"
```

La boîte de dialogue Couleur

La boîte de dialogue **Couleur** permet de sélectionner une couleur dans un ensemble de couleurs de base. En agrandissant la boîte de dialogue, il vous est également possible de définir une couleur par ses composantes : teinte, saturation, luminance, rouge, vert, bleu.

La boîte de dialogue **Couleur** est attachée à la méthode ShowColor. Avant d'utiliser cette méthode, une ou plusieurs propriétés doivent être renseignées. Le tableau ci-après dresse la liste des principales propriétés utilisables :

Propriété	Effet
CancelError	Initialisée à True, cette propriété renvoie le code d'erreur 32755 (CDERR_CANCEL) si le bouton Annuler est cliqué.
Flags	Définit les options de la boîte de dialogue. La syntaxe de l'instruction est objet.Flags [= valeur], où *valeur est la somme d'une ou de plusieurs constantes. Consultez l'aide interactive sur la propriété Flags pour avoir de plus amples informations.*
Color	Sélectionne une couleur par défaut. La valeur d'initialisation peut être une couleur définie par ses composantes (fonction RGB) ou une couleur système (fonction QBColor). La constante vbCCRGBInit doit être ajoutée à la propriété Flags pour que la couleur par défaut soit prise en compte.

Lorsque la ou les propriétés de votre choix ont été renseignées, il suffit d'appeler la méthode ShowColor pour afficher la boîte de dialogue **Couleur**. Vous pouvez ensuite utiliser la propriété Color pour connaître la couleur sélectionnée par l'utilisateur.

Exemple

Nous allons définir un projet qui permettra à l'utilisateur de sélectionner une couleur dans une boîte de dialogue **Couleur**. Voici le résultat à atteindre :

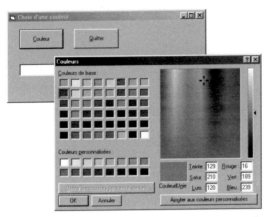

Figure 12.5 : Utilisation d'une boîte de dialogue Couleur pour sélectionner une couleur prédéfinie ou personnalisée.

Réalisation

Définissez un nouveau projet. Ajoutez le contrôle CommonDialog dans la feuille de l'application. Cliquez dessus et donnez-lui le nom **CMD** (propriété Name).

Définissez deux boutons de commande et une zone de texte. Nommez les deux boutons **&Couleur** et **&Quitter** (propriété Caption). Supprimez le texte affiché par défaut dans la zone de texte en effaçant le contenu de la propriété Text. Définissez enfin le titre de la boîte de dialogue : **Choix d'une couleur** (propriété Caption de la boîte de dialogue).

La feuille du projet doit maintenant avoir l'allure suivante :

Vous allez maintenant affecter des lignes de code aux deux boutons de commande.

La procédure associée au bouton **Quitter** comporte une seule instruction qui met fin au programme :

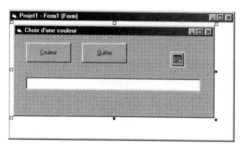

Figure 12.6 : La boîte de dialogue du projet en mode Création.

```
Private Sub Command2_Click()
   End
End Sub
```

La procédure associée au bouton **Couleur** est plus complexe. Double-cliquez sur le bouton **Couleur** et définissez les lignes de code suivantes :

```
Private Sub Command1_Click()
   ' - - - - - - - - - - - - - - - - - - - - - - - - -
   ' Définition des propriétés de la boîte de
     ➥dialogue
   ' - - - - - - - - - - - - - - - - - - - - - - - - -
   CMD.CancelError = True
   CMD.Flags = &H2& + &H1& 'Bdd complète et
   ➥sélection de couleur
   CMD.Color = QBColor(12)
   On Error GoTo Annuler
   CMD.ShowColor

   '
   ' Message affiché si une couleur a été
     ➥sélectionnée
   '
   Text1.TEXT = "Le code RGB de la couleur est
" + Str(CMD.Color) + "."
   GoTo Suite:

   '
```

```
' Message affiché en cas d'erreur
'
Annuler:
  Text1.TEXT = "Vous n'avez sélectionné aucune
  ➥couleur."

Suite:
End Sub
```

La procédure débute par l'initialisation des propriétés.

CancelError est initialisée à la valeur True pour détecter l'appui sur le bouton **Annuler** :

```
CMD.CancelError = True
```

La valeur &H2& + &H1& est affectée à la propriété Flags :

```
CMD.Flags = &H2& + &H1& 'Bdd complète et
➥sélection de couleur
```

La valeur &H2& correspond à la constante vbCCFullOpen. Elle provoque l'affichage de la boîte de dialogue dans son intégralité, y compris la partie dans laquelle l'utilisateur peut créer des couleurs personnalisées.

La valeur &H1& correspond à la constante vbCCRGBInit. Elle demande de prendre en compte la couleur par défaut à l'ouverture de la boîte de dialogue.

Cette couleur par défaut est définie dans la propriété Color :

```
CMD.Color = QBColor(12)
```

En utilisant la fonction QBColor, il est très simple d'accéder aux seize premières couleurs de Windows. En considérant le tableau ci-après, nous voyons que la valeur 12 correspond au rouge clair.

Cette couleur sera donc sélectionnée dans la liste des couleurs de base.

Argument de QBColor	Couleur
0	Noir
1	Bleu
2	Vert
3	Cyan
4	Rouge
5	Magenta
6	Jaune
7	Blanc
8	Gris
9	Bleu clair
10	Vert clair
11	Cyan clair
12	Rouge clair
13	Magenta clair
14	Jaune clair
15	Blanc vif

La procédure se poursuit par une instruction de débranchement en cas d'erreur, puis par un appel à la méthode ShowColor :

```
On Error GoTo Annuler
CMD.ShowColor
```

Lorsque l'utilisateur sélectionne une couleur et appuie sur le bouton **OK**, aucune erreur n'est générée. La procédure se poursuit donc en séquence. Elle modifie la propriété TEXT de la zone de texte :

```
Text1.TEXT = "Le code RGB de la couleur est
➥" + Str(CMD.Color) + "."
```

Remarquez l'utilisation de la propriété Color et la conversion en chaîne à l'aide de la fonction Str pour afficher le code RGB de la couleur sélectionnée.

Une instruction Go To effectue un saut vers l'étiquette Suite, car la routine de traitement d'erreur ne doit pas être exécutée si une couleur a été sélectionnée :

```
GoTo Suite:
```

Les dernières instructions du programme correspondent à la routine de traitement d'erreur qui, rappelons-le, est activée lorsque l'utilisateur appuie sur le bouton Annuler. Cette routine affiche un message dans la zone de texte pour indiquer qu'aucune couleur n'a été sélectionnée.

```
Annuler:
  Text1.TEXT = "Vous n'avez sélectionné aucune
  ➥couleur."
```

Si vous avez téléchargé les programmes sources développés dans cet ouvrage, ce projet se trouve par défaut dans le répertoire **SSM\COULEUR**.

La boîte de dialogue Police de caractères

La boîte de dialogue **Police** permet de sélectionner une police et ses attributs. Elle est attachée à la méthode ShowFont. Avant d'utiliser cette méthode, vous devez au minimum renseigner la propriété Flags avec l'une des valeurs suivantes :

- **vbCFScreenFonts** pour afficher uniquement les polices d'écran,

- **vbCFPrinterFonts** pour afficher uniquement les polices d'imprimantes,

- **vbCFBoth** pour afficher les deux types de polices.

Dans le cas contraire, un message d'erreur indiquant qu'aucune police n'est installée est affiché, et le programme est interrompu.

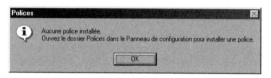

Figure 12.7 : La boîte de message affichée lorsque la propriété Flags n'est pas initialisée.

Le tableau ci-après dresse la liste des principales propriétés utilisables :

Propriété	Effet
CancelError	Initialisée à True, cette propriété renvoie le code d'erreur 32755 (CDERR_CANCEL) si le bouton Annuler est pressé.
Flags	Définit les options de la boîte de dialogue. La syntaxe de l'instruction est objet.Flags [= valeur], où *valeur est la somme d'une ou de plusieurs constantes. Consultez l'aide interactive quant à la propriété Flags pour avoir de plus amples informations.*
FontBold	Définit le style Gras par défaut.
FontItalic	Définit le style Italique par défaut.
FontName	Définit la police par défaut.
FontSize	Définit la taille par défaut.
FontStrikethru	Définit le style Barré par défaut.

Propriété	Effet
FontUnderline	Définit le style Souligné par défaut.
Max	Définit la taille maximale des polices affichées.
Min	Définit la taille minimale des polices affichées.

Lorsque la ou les propriétés de votre choix ont été renseignées, un appel à la méthode ShowFont affiche la boîte de dialogue **Police**. Vous pouvez ensuite utiliser les propriétés FontName, FontSize, FontBold, FontItalic, FontStrikethru et FontUnderline pour connaître les caractéristiques de la police sélectionnée par l'utilisateur.

Exemple

Nous allons définir un projet qui permettra à l'utilisateur de sélectionner une police d'écran ou d'imprimante. La police par défaut sera Arial gras corps 16. Voici le résultat à atteindre :

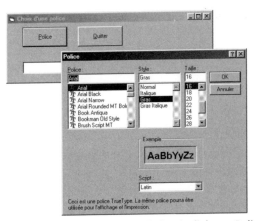

Figure 12.8 : Utilisation d'une boîte de dialogue Police pour sélectionner une police et ses attributs.

Réalisation

Définissez un nouveau projet. Ajoutez le contrôle `CommonDialog` dans la feuille de l'application. Cliquez dessus et donnez-lui le nom **CMD** (propriété `Name`).

Définissez deux boutons de commande et une zone de texte. Nommez les deux boutons **&Police** et **&Quitter** (propriété `Caption`). Supprimez le texte affiché par défaut dans la zone de texte en effaçant le contenu de la propriété `Text`. Définissez enfin le titre de la boîte de dialogue : **Choix d'une police** (propriété `Caption` de la boîte de dialogue).

La feuille du projet doit maintenant avoir l'allure suivante :

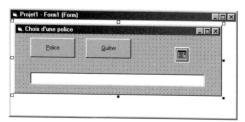

Figure 12.9 : La boîte de dialogue du projet en mode Création.

Vous allez maintenant affecter des lignes de code aux deux boutons de commande.

La procédure associée au clic sur le bouton **Quitter** se contente d'exécuter l'instruction `End` pour mettre fin au programme.

La procédure associée au bouton **Police** est plus complexe. Double-cliquez sur le bouton **Police** et définissez les lignes de code suivantes :

```
Private Sub Command1_Click()
    ' - - - - - - - - - - - - - - - - - - - - - - - - - - - -
    ' Définition des propriétés de la boîte de
    ➥dialogue
```

```
'   .   .   .   .   .   .   .   .   .   .   .   .   .   .   .   .   .   .   .   .   .
CMD.CancelError = True
CMD.Flags = &H3 'Polices d'écran et d'imprimante
CMD.FontName = "Arial"
CMD.FontSize = 16
CMD.FontBold = True
On Error GoTo Annuler
CMD.ShowFont
'
' Message affiché si une couleur a été
  ➥sélectionnée
'
Tampon = "Police " + CMD.FontName + ",
➥" + Str(CMD.FontSize) + " points "
If CMD.FontBold = True Then Tampon =
➥Tampon + "gras "
If CMD.FontItalic = True Then Tampon =
➥Tampon + "italique "
If CMD.FontUnderline = True Then Tampon =
➥Tampon + "souligné "
If CMD.FontStrikethru = True Then Tampon =
➥Tampon + "barré "

Text1.TEXT = Tampon
GoTo Suite:


'
' Message affiché en cas d'erreur
'
Annuler:
  Text1.TEXT = "Vous n'avez sélectionné aucune
  ➥police."

Suite:
End Sub
```

Les premières instructions définissent les propriétés de la boîte de
dialogue.

Comme dans les mini-applications précédentes, la propriété CancelError est initialisée à la valeur True pour mettre en place un système de gestion des erreurs :

```
CMD.CancelError = True
```

La propriété Flags est ensuite initialisée à la valeur &H3& afin que les polices d'écran et d'imprimante soient accessibles :

```
CMD.Flags = &H3& 'Polices d'écran et d'imprimante
```

Les trois instructions suivantes définissent les propriétés de la police par défaut, Arial 16 points gras :

```
CMD.FontName = "Arial"
CMD.FontSize = 16
CMD.FontBold = True
```

Une instruction On Error définit ensuite l'étiquette de la routine de traitement des erreurs, puis la méthode ShowFont est appelée :

```
On Error GoTo Annuler
CMD.ShowFont
```

Lorsqu'aucune erreur ne se produit, c'est-à-dire lorsque l'utilisateur a sélectionné une police, les caractéristiques de cette police sont affichées dans la zone de texte. Pour cela, les propriétés FontName, FontSize, FontBold, FontItalic, FontUnderline et FontStrikethru sont lues et mémorisées sous forme de texte dans la variable Tampon :

```
Tampon = "Police " + CMD.FontName + ",
➥" + Str(CMD.FontSize) + " points "
If CMD.FontBold = True Then Tampon =
➥Tampon + "gras "
If CMD.FontItalic = True Then Tampon =
➥Tampon + "italique "
If CMD.FontUnderline = True Then Tampon =
➥Tampon + "souligné "
If CMD.FontStrikethru = True Then Tampon =
➥Tampon + "barré "
```

Cette variable est alors affectée à la propriété TEXT de la zone de texte :

```
Text1.TEXT = Tampon
```

Les dernières lignes de la procédure correspondent à la routine de traitement des erreurs. Son fonctionnement est similaire à celui des mini-applications précédentes. Nous n'y reviendrons pas.

Si vous avez téléchargé les programmes sources développés dans cet ouvrage, ce projet se trouve par défaut dans le répertoire **SSM\POLICE**.

La boîte de dialogue Imprimer

La boîte de dialogue **Imprimer** est utilisée pour définir les paramètres de l'impression : nom de l'imprimante, nombre de copies, numéros des pages à imprimer, etc. Si nécessaire, ces paramètres peuvent devenir les paramètres d'impression par défaut. Elle est attachée à la méthode ShowPrinter. Avant de pouvoir l'utiliser, vous devez renseigner une ou plusieurs propriétés. Le tableau ci-après présente les principales propriétés utilisables :

Propriété	Effet
CancelError	Initialisée à True, cette propriété renvoie le code d'erreur 32755 (CDERR_CANCEL) si le bouton Annuler est pressé.
Copies	Nombre d'exemplaires à imprimer.
Flags	Définit les options de la boîte de dialogue. La syntaxe de l'instruction est objet.Flags [= valeur] où *valeur est la somme d'une ou de plusieurs constantes. Consultez l'aide interactive sur la propriété Flags pour avoir de plus amples informations.*
FromPage	Numéro de la première page à imprimer.
Max	Le plus grand numéro de page que l'utilisateur peut entrer dans la zone de texte A.
Min	Le plus petit numéro de page que l'utilisateur peut entrer dans la zone de texte De.

Propriété	Effet
PrinterDefault	Indique si les paramètres définis dans la boîte de dialogue doivent devenir les nouveaux paramètres par défaut.
ToPage	Numéro de la dernière page à imprimer

Lorsque les propriétés de votre choix ont été renseignées, un appel à la méthode ShowPrinter affiche la boîte de dialogue **Imprimer**. Vous pouvez ensuite utiliser les propriétés Copies, FromPage, ToPage, Max et Min pour connaître les paramètres sélectionnés par l'utilisateur.

Exemple

Nous allons définir un projet qui permettra à l'utilisateur de modifier le paramétrage par défaut de l'impression, et éventuellement de choisir une autre imprimante. Voici le but à atteindre :

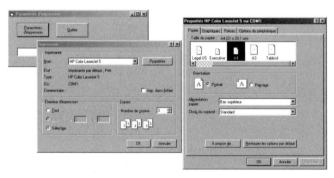

Figure 12.10 : Utilisation des boîtes de dialogue Impression et Configuration de l'impression pour modifier le paramétrage par défaut de l'imprimante.

Réalisation

Définissez un nouveau projet. Ajoutez le contrôle CommonDialog dans la feuille de l'application. Cliquez dessus et donnez-lui le nom **CMD** (propriété Name).

Définissez deux boutons de commande et une zone de texte. Nommez les deux boutons **&Paramètres d'impression** et **&Quitter** (propriété Caption). Supprimez le texte affiché par défaut dans la zone de texte en effaçant le contenu de la propriété Text. Définissez enfin le titre de la boîte de dialogue : **Paramètres d'impression** (propriété Caption de la boîte de dialogue).

La feuille du projet doit maintenant avoir l'allure suivante :

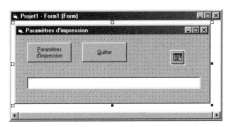

Figure 12.11 : La boîte de dialogue du projet en mode Création.

Vous allez maintenant affecter des lignes de code aux deux boutons de commande.

Comme dans les mini-applications précédentes, la procédure associée au clic sur le bouton **Quitter** se contente d'exécuter l'instruction End pour mettre fin au programme.

La procédure associée au bouton **Paramètres d'impression** est plus complexe :

```
Private Sub Command1_Click()
    ' - - - - - - - - - - - - - - - - - - - - - - - - - - - - - -
    ' Définition des propriétés de la boîte de
    ➡dialogue
```

127

```
' - - - - - - - - - - - - - - - - - - - - - - - -
CMD.CancelError = True
CMD.Flags = &H1& 'Active le bouton radio
➥Sélection
CMD.Copies = 3 'Définit 3 copies par défaut
CMD.PrinterDefault = True 'Autorise la
➥modification du paramétrage par défaut
On Error GoTo Annuler
CMD.ShowPrinter
'
' Message affiché si une couleur a été
sélectionnée
'
Text1.TEXT = "Paramètres enregistrés."
GoTo Suite:


' Message affiché en cas d'erreur
'
Annuler:
Text1.TEXT = "Vous avez appuyé sur le bouton
➥Annuler."

Suite:
End Sub
```

La première instruction entraîne l'affichage d'une erreur lorsque l'utilisateur appuie sur le bouton **Annuler** :

```
CMD.CancelError = True
```

Les instructions suivantes définissent certaines propriétés de la boîte de dialogue **Imprimer**.

La propriété Flags est initialisée à la valeur &H1&, ce qui provoque l'activation du bouton radio **Sélection** :

```
CMD.Flags = &H1&
```

Le nombre de copies par défaut est défini à 3 :

```
CMD.Copies = 3
```

Enfin, la propriété PrinterDefault est initialisée à la valeur True. Ainsi, les modifications effectuées dans la boîte de dialogue **Impri-**

mer deviendront les valeurs par défaut lors des prochaines impressions :

```
CMD.PrinterDefault = True 'Autorise la
➥modification du paramétrage par défaut
```

L'instruction suivante définit l'étiquette de la routine de traitement des erreurs :

```
On Error GoTo Annuler
```

La méthode `ShowPrinter` est enfin appelée, ce qui provoque l'affichage de la boîte de dialogue **Impression** :

```
CMD.ShowPrinter
```

Les lignes suivantes permettent l'affichage d'un message en fonction du bouton choisi.

Résumé

Dans ce chapitre, vous avez appris à utiliser les méthodes `Show` `Open`, `ShowSave`, `ShowColor`, `ShowFont` et `ShowPrinter` pour afficher les boîtes de dialogue communes de Visual Basic.

La méthode à utiliser est toujours la même :

- Initialisation d'une ou de plusieurs propriétés.

- Mise en place éventuelle d'une routine de traitement des erreurs pour répondre à l'appui sur la touche **Annuler.**

- Appel de la méthode.

- Lecture et exploitation des propriétés modifiées par la méthode.

Il est temps maintenant de nous intéresser aux menus. Dans le Chapitre 13, vous apprendrez à définir un système de menus, à associer des actions aux commandes qui le composent et à mettre en place des menus contextuels.

Chapitre 13

Au menu ou à la carte ?

La plupart des applications Windows sont dotées d'un système de menus. Il est vrai que c'est un moyen simple, fiable et universel de demander l'exécution d'une action. Ce chapitre vous montre comme il est simple d'ajouter un système de menus dans une application Visual Basic 6.0. Vous y découvrirez également comment générer des menus contextuels (*Popup Menus*) qui réagiront au clic droit de la souris.

Avant de commencer

Pour qu'il n'y ait aucune confusion par la suite, vous devez savoir que :

- Un **système de menus** est composé d'un ou de plusieurs menus. Il est affiché dans la partie supérieure de la fenêtre de l'application, dans une barre de menus.

- Un **menu** est un composant d'un système de menus. Il correspond à un des labels de la barre de menus.

- Une **commande de menu** est un label affiché lorsque l'on déroule un menu. Elle donne généralement lieu à une ou plusieurs actions.

- Un **menu contextuel** est un ensemble de commandes de menu qui sont affichées lorsque l'utilisateur fait un clic droit sur une portion bien définie de l'application. Les commandes affichées sont généralement fonction de l'endroit où a été effectué le clic.

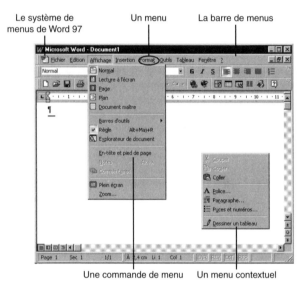

Le système de menus de Word 97   Un menu   La barre de menus

Une commande de menu   Un menu contextuel

Figure 13.1 : Illustration des termes relatifs aux menus.

Le but à atteindre

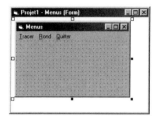

Figure 13.2 : Le système de menus de l'application Menus.

L'application Menus possède quatre menus, **Tracer**, **Rond**, **Carré** et **Quitter,** qui donnent accès aux commandes suivantes :

Menu	Commande	Action
Tracer	Rond	Afficher le menu Rond, cacher le menu Carré, cocher la commande Rond dans le menu Tracer
Tracer	Carré	Afficher le menu Carré, cacher le menu Rond, cocher la commande Carré dans le menu Tracer
Rond	Rouge	Affichage d'un rond plein rouge
Rond	Bleu	Affichage d'un rond plein bleu
Carré	Rouge	Affichage d'un carré plein rouge
Carré	Bleu	Affichage d'un carré plein bleu
Quitter	Application	Fin de l'application

Dans les sections suivantes, vous allez apprendre à :

- Définir des menus et commandes de menu

- Cacher et montrer un menu et une commande de menu, pendant la conception et pendant l'exécution

- Associer un raccourci clavier à une commande de menu

- Affecter du code à une commande de menu

Définition du système de menus

La définition d'un système de menus se fait dans la boîte de dialogue **Créateur de menus**. Pour y accéder, lancez la commande **Créateur de menus** dans le menu **Outils** ou appuyez sur **Ctrl+E**.

Figure 13.3 : La boîte de dialogue Créateur de menus.

Après quelques minutes de pratique, l'apparente complexité de cette boîte de dialogue ne sera plus qu'un rêve lointain.

Pour commencer, nous allons utiliser deux zones de texte et les boutons contenant une flèche horizontale.

La zone de texte **Caption** sera utilisée pour définir le nom des menus et des commandes de menu. Comme les boutons, les menus peuvent utiliser une lettre de raccourci. Par exemple, le menu **Fichier** pourra être déroulé en maintenant la touche **Alt** enfoncée et en appuyant sur la touche **F**.

La zone de texte **Name** contiendra le nom du menu ou de la commande de menu défini dans la zone de texte **Caption**. Ce nom pourra être utilisé par une ou plusieurs procédures pour lire ou modifier les propriétés du menu ou de la commande de menu.

 Enfin, les boutons contenant des flèches horizontales seront utilisés pour définir le niveau d'indentation (si, si !) des commandes de menu. Si le terme "indentation" vous semble peu familier, jetez un œil à la figure ci-après ; vous comprendrez tout de suite de quoi il s'agit.

Figure 13.4 : Visual Basic autorise au maximum cinq niveaux d'indentation. En voici une représentation dans la boîte de dialogue Créateur de menus et en mode Exécution.

Vous allez définir le menu de l'application en respectant les informations portées dans le tableau suivant.

Caption	Name	Niveau d'indentation
&Tracer	Tracer	0
&Rond	TracerRond	1
&Carré	TracerCarré	1
&Rond	Rond	0
&Rouge	RondRouge	1
&Bleu	RondBleu	1
&Carré	Carré	0
&Rouge	CarréRouge	1
&Bleu	CarréBleu	1
&Quitter	Quitter	0
&Application	Application	1

Voilà, le menu est défini. Vous pouvez refermer la boîte de dialogue en cliquant sur le bouton **OK**. Appuyez sur **F5** pour exécuter le projet. Les menus fonctionnent, mais ils ne produisent pour l'instant aucune action. Nous allons combler tout de suite cette lacune.

Dans la boîte de dialogue Créateur de menus, vous avez peut-être remarqué la liste modifiable Shortcut. En la déroulant, vous pouvez affecter simplement un raccourci clavier à la commande de menu en surbrillance. Entraînez-vous à affecter le raccourci clavier Ctrl+R à la commande Rond dans le menu Tracer, et Ctrl+C à la commande Carré dans le menu Tracer.

Définition des actions attachées aux commandes de menu

Pour attacher du code à une commande de menu, il suffit de cliquer dessus en mode Edition.

Déroulez le menu **Tracer** et cliquez sur la commande **Rond**. La procédure TracerRond s'affiche. Entrez les instructions suivantes dans cette procédure :

```
Private Sub TracerRond_Click()
  TracerRond.Checked = True
  TracerCarré.Checked = False
  Rond.Visible = True
  Carré.Visible = False
End Sub
```

La première instruction affiche une marque de sélection en face de la commande **Rond** :

```
TracerRond.Checked = True
```

La seconde instruction efface une éventuelle marque de sélection en face de la commande **Carré** :

```
TracerCarré.Checked = False
```

La troisième instruction valide l'affichage du menu **Visible** :

```
Rond.Visible = True
```

Enfin, la dernière instruction annule l'affichage du menu **Carré** et des commandes qui le composent :

```
Carré.Visible = False
```

Grâce à cette première procédure, vous avez appris que :

- La propriété **Checked** permet d'afficher ou d'effacer une marque de sélection en face d'une commande de menu.

- La propriété **Visible** permet de cacher ou d'afficher un menu ou une commande de menu.

Le code affecté à la commande de menu est assez similaire. Cliquez sur le menu **Tracer** puis sur la commande de menu **Carré**, et entrez les instructions suivantes :

```
Private Sub TracerCarré_Click()
   TracerRond.Checked = False
   TracerCarré.Checked = True
   Rond.Visible = False
   Carré.Visible = True
End Sub
```

Comme vous le voyez, la procédure effectue quatre actions :

- Effacement d'une éventuelle marque de sélection en face de la commande de menu **Rond**

- Affichage d'une marque de sélection en face de la commande de menu **Carré**

- Effacement du menu **Rond**

- Affichage du menu **Carré**

Nous allons maintenant nous intéresser au menu **Rond** qui permet de tracer un rond rouge ou un rond bleu. Cliquez sur le menu **Rond** puis sur la commande **Rouge**, et entrez les instructions suivantes :

```
Private Sub RondRouge_Click()
   Cls
   FillColor = QBColor(12)
   Circle (1000, 1000), 500, QBColor(12)
End Sub
```

La première instruction exécute la méthode Cls qui efface le texte et/ou les graphismes affichés :

```
Cls
```

La seconde instruction définit la couleur de remplissage du rond :

```
FillColor = QBColor(12)
```

Remarquez l'utilisation de la fonction QBColor pour accéder simplement à l'une des couleurs prédéfinies de Windows.

Enfin, la dernière instruction trace un cercle plein de centre (1000, 1000), de rayon 500 et de la même couleur que celle utilisée pour le remplissage :

```
Circle (1000, 1000), 500, QBColor(12)
```

La commande de menu **Bleu** est similaire. Cliquez sur le menu **Rond** puis sur la commande **Bleu,** et entrez les instructions suivantes :

```
Private Sub RondBleu_Click()
  Cls
  FillColor = QBColor(9)
  Circle (1000, 1000), 500, QBColor(9)
End Sub
```

Le menu **Carré** donne également accès aux commandes **Rouge** et **Bleu**. Cliquez sur le menu **Carré** puis sur la commande **Rouge** et entrez les instructions suivantes :

```
Private Sub CarréRouge_Click()
  Cls
  Line (500, 500)-(1500, 1500), QBColor(12), BF
End Sub
```

La première instruction efface le contenu de la fenêtre :

```
Cls
```

La seconde trace un carré de 1000 de côté et de couleur QBColor(12). Le dernier paramètre indique qu'il ne s'agit pas d'une ligne mais d'un rectangle, et que le rectangle doit être rempli :

```
Line (500, 500)-(1500, 1500), QBColor(12), BF
```

La procédure affectée à la commande **Bleu** est similaire ; seule la couleur change. Cliquez sur le menu **Carré** puis sur la commande **Bleu,** et entrez les instructions suivantes :

```
Private Sub CarréBleu_Click()
  Cls
  Line (500, 500)-(1500, 1500), QBColor(9), BF
End Sub
```

Le plus simple a été gardé pour la fin. Cliquez sur le menu **Quitter** puis sur la commande **Application**, et entrez l'instruction suivante dans la procédure **Application_Click** :

```
Private Sub Application_Click()
    End
End Sub
```

Comme vous vous en doutez, cette instruction met fin au programme.

Même si vous mourrez d'envie de lancer le programme, n'en faites rien. Il faut encore mettre au point quelques détails, sans quoi vous risquez d'être déçu.

Dès le lancement du programme, il faut indiquer le mode de remplissage des ronds tracés avec la méthode Circle. Si vous n'indiquez rien à ce sujet, les ronds ne seront pas remplis.

Double-cliquez sur la feuille **Menus** pour afficher la procédure Form_Load. Comme son nom l'indique, cette procédure sera exécutée au lancement de l'application, ce qui est exactement le but recherché. Définissez, dans cette procédure, le style de remplissage à l'aide de la propriété FillStyle :

```
Private Sub Form_Load()
    FillStyle = 0 'Tracé plein
End Sub
```

Pour terminer, vous allez cacher le menu **Carré** au lancement de l'application. Affichez la boîte de dialogue **Créateur de menus**, en sélectionnant la commande **Créateur de menus** du menu **Outils** ou en appuyant sur **Ctrl+T**. Cliquez sur le menu (et non sur la commande de menu) **&Carré** et décochez la case **Visible**.

Maintenant, le programme est totalement opérationnel. Vous pouvez le lancer en appuyant sur **F5**. Si des choses inexplicables se produisent, cela vient très certainement d'une erreur de saisie. Comparez le listing de votre programme et celui que nous donnons ici.

**Figure 13.5 : Effacement du menu Carré
au lancement de l'application.**

Si vous avez téléchargé les programmes sources développés dans
cet ouvrage, ce projet se trouve par défaut dans le répertoire
SSM\MENU.

```
Private Sub Application_Click()
  End
End Sub

Private Sub CarréBleu_Click()
  Cls
  Line (500, 500)-(1500, 1500), QBColor(9), BF
End Sub

Private Sub CarréRouge_Click()
  Cls
  Line (500, 500)-(1500, 1500), QBColor(12), BF
End Sub

Private Sub Form_Load()
  FillStyle = 0 'Tracé plein
End Sub

Private Sub RondBleu_Click()
  Cls
  FillColor = QBColor(9)
```

```
  Circle (1000, 1000), 500, QBColor(9)
End Sub

Private Sub RondRouge_Click()
  Cls
  FillColor = QBColor(12)
  Circle (1000, 1000), 500, QBColor(12)
End Sub

Private Sub TracerCarré_Click()
  TracerRond.Checked = False
  TracerCarré.Checked = True
  Rond.Visible = False
  Carré.Visible = True
End Sub

Private Sub TracerRond_Click()
  TracerRond.Checked = True
  TracerCarré.Checked = False
  Rond.Visible = True
  Carré.Visible = False
End Sub
```

Menus contextuels

Qu'est-ce qu'un menu contextuel ?

Windows 95 et la plupart des applications fonctionnant sous Windows 95 sont friandes des menus contextuels (en anglais *popup menu*). Un clic droit sur un objet affiche les commandes les plus courantes en rapport avec cet objet.

Dans Visual Basic, la définition des menus contextuels est aussi simple que celle des systèmes de menus.

Pour définir un menu contextuel, vous procéderez selon les quatre étapes suivantes :

  1. Définissez un menu avec le créateur de menus.

2. Définissez une procédure de traitement pour l'événement **MouseDown,** et affichez le menu contextuel avec la méthode **PopupMenu.**

3. Définissez les procédures de traitement pour les commandes du menu contextuel comme vous le feriez s'il s'agissait d'un menu classique.

4. Décochez la case **Visible** pour ce menu de telle sorte qu'il n'apparaisse pas dans l'éventuel système de menus de l'application.

Nous allons mettre en pratique cette technique pour intégrer un menu contextuel dans le projet **Menus** étudié dans la première partie du chapitre. Voici le résultat à obtenir :

Figure 13.6 : Définition d'un menu contextuel dans l'application Menus pour modifier la couleur de l'objet affiché.

Modification du système de menus

Dans un premier temps, vous allez compléter le menu de l'application.

Choisissez la commande **Créateur de menus** du menu **Outils**, ou appuyez sur **Ctrl+T**, pour afficher la boîte de dialogue **Créateur de menus**.

Vous allez ajouter un menu et deux commandes de menu en accord avec les informations portées dans le tableau suivant.

Caption	Name	Niveau d'indentation
Couleur	Couleur	0
Rouge	CouleurRouge	1
Bleu	CouleurBleu	1

Après ces modifications, la boîte de dialogue **Créateur de menus** doit avoir l'allure suivante :

**Figure 13.7 : La boîte de dialogue Créateur
de menus après l'implémentation du nouveau menu.**

Vous pensez peut-être qu'il serait bon de décocher la case **Visible** du menu **Couleur**. Vous avez raison, mais le moment est mal choisi. Si vous décochez cette case maintenant, il sera impossible de définir les procédures de traitement attachées aux commandes du menu contextuel. Nous décocherons la case **Visible** lorsque l'application sera prête à être testée.

Pour le moment, nous allons écrire des lignes de code pour traiter l'événement MouseDown.

Implémentation du code

Cliquez sur le bouton **OK** pour fermer la boîte de dialogue **Créateur de menus**. Affichez ensuite la fenêtre de l'éditeur de code, par exemple en appuyant sur **F7**. Sélectionnez, si nécessaire, l'entrée **Form** dans la liste modifiable **Objet**, puis l'entrée **MouseDown** dans la liste modifiable **Proc**. Entrez les instructions suivantes dans cette procédure :

```
Private Sub Form_MouseDown(Button As Integer, Shift
As Integer, X As Single, Y As Single)
  If (Button = 2) And (Affiché = True) Then
     PopupMenu Couleur
  End If
End Sub
```

L'instruction située à la suite du If est exécutée sous deux conditions :

- Le bouton gauche de la souris a été pressé.

- La variable Affiché vaut True :

  ```
  If (Button = 2) And (Affiché = True) Then
  ```

La variable Button est automatiquement initialisée dès l'exécution de la procédure. Elle contient la valeur 1 si le bouton gauche est enfoncé, 2 si le bouton droit est enfoncé et 4 si le bouton central est enfoncé.

La variable Affiché indique si un rond ou un carré est actuellement affiché. Elle est initialisée à False au lancement du programme. Chacune des procédures responsables de l'affichage d'un rond ou d'un carré la met ensuite à True. De la sorte, on est sûr que la variable Affiché ne vaut True que si un rond ou un carré est affiché.

Pour que cette variable soit accessible à toutes les procédures de la feuille, vous devez la déclarer publique. Dans la fenêtre de code, sélectionnez (Général) dans la liste modifiable Objet, et (décla-rations) dans la liste modifiable Proc. Définissez alors la variable Affiché comme suit :

```
Public Affiché As Boolean
```

Pour initialiser cette variable à False dès l'exécution de l'applica-tion, vous allez intervenir sur la procédure Form_Load. Sélection-nez Form dans la liste modifiable Objet, et Load dans la liste modifiable Proc. Ou, plus simplement, double-cliquez sur la feuille de l'application. Entrez la ligne de code en gras ci-après dans la procédure Form_Load :

```
Private Sub Form_Load()
  FillStyle = 0 'Tracé plein
  Affiché = False 'Aucune forme affichée pour
l'instant
End Sub
```

Vous allez maintenant insérer une instruction Affiché = True dans les procédures RondRouge_Click, RondBleu_Click, CarréRouge_Click et CarréBleu_Click. Voici par exemple les instructions de la procédure RondRouge_Click :

```
Private Sub RondRouge_Click()
  Cls
  FillColor = QBColor(12)
  Circle (1000, 1000), 500, QBColor(12)
  Affiché = True
End Sub
```

Revenons à nos moutons.

Dans la procédure MouseDown, lorsque le bouton droit de la souris est pressé au-dessus d'un rond ou d'un carré, il faut afficher le menu contextuel. Pour cela, nous ferons appel à la méthode PopupMenu en spécifiant le nom du menu à afficher :

```
      PopupMenu Couleur
```

Cette instruction provoque l'affichage des deux commandes du menu **Couleur**, à la position où le bouton droit de la souris a été pressé.

Pour terminer, nous allons définir le traitement associé aux deux commandes du menu contextuel.

Cliquez sur le menu **Couleur** et sur la commande **Rouge** dans la feuille du projet. La procédure CouleurRouge_Click est affichée. Complétez cette procédure comme suit :

```
Private Sub CouleurRouge_Click()
  Cls
  If TracerRond.Checked = True Then
    FillColor = QBColor(12)
    Circle (1000, 1000), 500, QBColor(12)
  Else
    Line (500, 500)-(1500, 1500), QBColor(12), BF
  End If
End Sub
```

Après effacement des objets affichés de la boîte de dialogue, le programme teste le type du tracé courant. Pour ce faire, il teste la valeur de la propriété Checked de la commande de menu **TracerRond** :

```
If TracerRond.Checked = True Then
```

Si cette propriété vaut True, un rond est affiché sur l'écran, ou l'utilisateur se prépare à en afficher un. Un rond rouge est donc affiché, en utilisant les mêmes instructions que dans la procédure de traitement de la commande **Rond/Rouge**.

```
FillColor = QBColor(12)
Circle (1000, 1000), 500, QBColor(12)
```

Dans le cas contraire, un carré est affiché, ou l'utilisateur se prépare à en afficher un. Il faut donc afficher un carré rouge, en utilisant la même instruction que dans la procédure de traitement de la commande **Carré/Rouge** :

```
Line (500, 500)-(1500, 1500), QBColor(12), BF
```

Plus que quelques instants d'attention et vous pourrez exécuter ce projet. Cliquez sur le menu **Couleur** et sur la commande **Bleu** dans la feuille du projet. La procédure CouleurBleu_Click est affichée. Complétez cette procédure comme suit :

```
Private Sub CouleurBleu_Click()
  Cls
  If TracerRond.Checked = True Then
    FillColor = QBColor(9)
    Circle (1000, 1000), 500, QBColor(9)
  Else
    Line (500, 500)-(1500, 1500), QBColor(9), BF
  End If
End Sub
```

Comme vous pouvez le constater, les instructions utilisées ici sont similaires à celles de la procédure CouleurRouge_Click, mises à part les couleurs de tracé et de remplissage.

Avant de lancer le programme, affichez la boîte de dialogue **Créateur de menus**, et décochez la case **Visible** du menu **Couleur**.

Lancez le programme en appuyant sur **F5**. Vous pouvez maintenant faire un clic droit sur un rond ou un carré pour changer sa couleur.

Si vous avez téléchargé les programmes sources développés dans cet ouvrage, ce projet se trouve par défaut dans le répertoire **SSM\MENU2.7**.

Voici le listing complet du programme :

```
Public Affiché As Boolean
Private Sub Application_Click()
  End
End Sub

Private Sub CarréBleu_Click()
  Cls
  Line (500, 500)-(1500, 1500), QBColor(9), BF
  Affiché = True
End Sub

Private Sub CarréRouge_Click()
  Cls
```

```
  Line (500, 500)-(1500, 1500), QBColor(12), BF
  Affiché = True
End Sub

Private Sub CouleurBleu_Click()
  Cls
  If TracerRond.Checked = True Then
    FillColor = QBColor(9)
    Circle (1000, 1000), 500, QBColor(9)
  Else
    Line (500, 500)-(1500, 1500), QBColor(9), BF
  End If

End Sub

Private Sub CouleurRouge_Click()
  Cls
  If TracerRond.Checked = True Then
    FillColor = QBColor(12)
    Circle (1000, 1000), 500, QBColor(12)
  Else
    Line (500, 500)-(1500, 1500), QBColor(12), BF
  End If
End Sub

Private Sub Form_Load()
  FillStyle = 0 'Tracé plein
  Affiché = False 'Aucune forme affichée pour
  ➥l'instant
End Sub

Private Sub Form_MouseDown(Button As Integer, Shift
As Integer, X As Single, Y As Single)
  If (Button = 2) And (Affiché = True) Then
    PopupMenu Couleur
  End If
End Sub

Private Sub RondBleu_Click()
  Cls
  FillColor = QBColor(9)
  Circle (1000, 1000), 500, QBColor(9)
  Affiché = True
End Sub
```

```
Private Sub RondRouge_Click()
  Cls
  FillColor = QBColor(12)
  Circle (1000, 1000), 500, QBColor(12)
  Affiché = True
End Sub

Private Sub TracerCarré_Click()
  TracerRond.Checked = False
  TracerCarré.Checked = True
  Rond.Visible = False
  Carré.Visible = True
End Sub

Private Sub TracerRond_Click()
  TracerRond.Checked = True
  TracerCarré.Checked = False
  Rond.Visible = True
  Carré.Visible = False
End Sub
```

Résumé

Dans ce chapitre, vous avez appris à utiliser :

- Les méthodes **Line** et **Circle** pour tracer respectivement un carré et un cercle.

- Le **Créateur de menus** pour définir un système de menus et des menus contextuels.

- La méthode **PopupMenu** pour afficher un menu contextuel.

- La procédure **MouseDown** pour associer du code à un clic de la souris.

Il est temps maintenant de nous intéresser aux barres d'outils et aux barres d'état. Consultez les Chapitres 14 et 12 qui décrivent l'utilisation des contrôles ToolBar et StatusBar.

Chapitre 14

Dessiner avec Visual Basic

Le but à atteindre

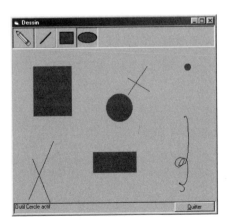

Figure 14.1 : L'application Dessin en mode Exécution.

La barre d'outils comporte quatre boutons qui permettent de dessiner :

- à main levée,

- des segments de droites,

- des rectangles pleins,

- des cercles pleins.

Lorsque l'utilisateur clique sur un de ces boutons, l'icône correspondante semble s'enfoncer dans l'écran, et le nom de l'outil sélectionné est affiché dans la barre d'état. Lorsque la pression sur la souris est relâchée, le bouton reste sélectionné et l'outil peut être utilisé.

La barre d'état remplit deux fonctions :

1. Elle affiche le nom de l'outil sélectionné.

2. Elle permet de quitter l'application par un appui sur le bouton **Quitter**.

Avant de commencer

Dans ce chapitre, nous allons utiliser deux contrôles **PictureBox** pour définir la barre d'outils et la barre d'état :

- Une barre d'outils est un contrôle **PictureBox** dont la propriété **Align** vaut **1 - Align Top**.

- Les boutons d'une barre d'outils sont des contrôles **Image**. Le fichier image relié à chacun des boutons est défini dans la propriété **Picture**.

- Une barre d'état est un contrôle **PictureBox** dont la propriété **Align** vaut **2 - Align Bottom**.

Bien entendu, vous pouvez utiliser les contrôles spécialisés **ToolBar** et **StatusBar** pour obtenir le même résultat. Reportez-vous au Chapitre 11 pour avoir de plus amples renseignements sur ces contrôles.

Mise en place de la barre d'outils

Les fichiers IC1_1.BMP à IC4_1.BMP permettront de définir les quatre boutons enfoncés, et les fichiers IC1_2.BMP à IC4_2.BMP les quatre boutons relevés. Superposez les boutons enfoncés et les boutons relevés pour obtenir le résultat suivant :

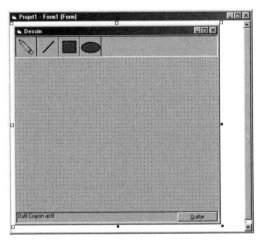

Figure 14.2 : La barre d'outils de l'application Dessin. Seuls les boutons en position relevée sont visibles en mode Création.

N'oubliez pas de décocher la case **Aligner les contrôles** dans la boîte de dialogue **Options** pour autoriser l'alignement au pixel près des icônes dans la barre d'outils.

Utilisez la propriété Name pour nommer les huit icônes comme suit :

Fichier	Propriété Name
IC1_1.BMP	crayon_relevé
IC1_2.BMP	crayon_enfoncé

153

Fichier	Propriété Name
IC2_1.BMP	trait_relevé
IC2_2.BMP	trait_enfoncé
IC3_1.BMP	rect_relevé
IC3_2.BMP	rect_enfoncé
IC4_1.BMP	ellipse_enfoncé
IC4_2.BMP	ellipse_relevé

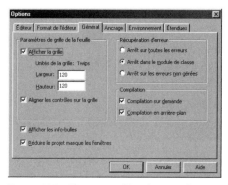

Figure 14.3 : Si vous ne décochez pas la case Aligner les contrôles, vous n'arriverez pas à disposer convenablement les icônes dans la barre d'outils.

Mise en place de la barre d'état

La définition de la barre d'état se fera en six étapes :

1. Définissez un contrôle **PictureBox.**

2. Affectez la valeur **2-Align Bottom** à la propriété **Align** de ce contrôle.

3. Placez un contrôle **Label** dans la partie gauche de la barre d'état.

4. Affectez la valeur **NomOutil** à sa propriété **Name** et la valeur **Outil Crayon actif** à sa propriété **Caption.**

5. Placez un contrôle **CommandButton** dans la partie droite de la barre d'état.

6. Affectez la valeur **Quitter** à sa propriété **Name** et la valeur **&Quitter** à sa propriété **Caption.**

Définition des procédures de traitement

La partie visuelle de l'application est maintenant définie. Pour que les boutons de la barre d'état soient opérationnels, vous allez mettre en place plusieurs procédures de traitement.

Dans un premier temps, vous allez affecter du code aux événements MouseDown des boutons de la barre d'outils. Sélectionnez la commande **Code** du menu **Affichage**, ou appuyez sur **F7**, pour afficher la fenêtre de code. Sélectionnez l'objet trait_relevé et la procédure MouseDown dans les listes modifiables Objet et Proc, et complétez la procédure crayon_relevé_MouseDown comme suit :

```
Private Sub crayon_relevé_MouseDown(Button As
Integer, Shift As Integer, X As Single, Y As
Single)
   Deselectionne
   crayon_relevé.Visible = False
   crayon_enfoncé.Visible = True
   OutilEnCours = 1
   NomOutil.Caption = "Outil Crayon actif"
End Sub
```

La première instruction lance la procédure Deselectionne qui est chargée de relever le bouton actuellement enfoncé. Cette procédure utilise la variable publique OutilEnCours, initialisée à 1 par défaut.

Pour définir la variable OutilEnCours, sélectionnez l'objet (géné-ral) et la procédure (déclarations) dans les listes modifiables Objet et Proc, et tapez l'instruction suivante :

```
Public OutilEnCours
```

Pour assurer l'initialisation de cette variable à 1, le plus simple est d'utiliser la procédure Form_Load qui est exécutée dès le lancement de l'application. Sélectionnez l'objet Form et la procédure Load dans les listes modifiables Objet et Proc, et complétez la procédure Form_Load comme suit :

```
Private Sub Form_Load()
  OutilEnCours = 1 'Sélection du crayon par défaut
End Sub
```

Vous pouvez maintenant passer à l'écriture de la procédure Dese-lectionne. Cette procédure n'étant associée à aucun objet (ce n'est pas une procédure événementielle), vous devez également entrer sa première et sa dernière instruction.

```
Private Sub Deselectionne()
  Select Case OutilEnCours
    Case 1
      crayon_relevé.Visible = True
      crayon_enfoncé.Visible = False
    Case 2
      trait_relevé.Visible = True
      trait_enfoncé.Visible = False
    Case 3
      rect_relevé.Visible = True
      rect_enfoncé.Visible = False
    Case 4
      ellipse_relevé.Visible = True
      ellipse_enfoncé.Visible = False
  End Select
End Sub
```

La procédure Deselectionne repose sur une structure Select Case. Supposons que l'outil **Rectangle** soit actuellement actif ; la variable OutilEnCours a pour valeur 3. La portion de code exécu-tée est donc la suivante :

```
    Case 3
      rect_relevé.Visible = True
      rect_enfoncé.Visible = False
```

Ces instructions rendent visible le bouton **rect_relevé** et cachent le bouton **rect_enfoncé**. L'ancien outil apparaît donc désélectionné.

Revenons à la procédure crayon_relevé_MouseDown. Les deuxième et troisième instructions simulent l'enfoncement du bouton **crayon** :

```
    crayon_relevé.Visible = False
    crayon_enfoncé.Visible = True
```

La procédure se poursuit par l'initialisation de la variable OutilEn-Cours qui mémorise l'outil actuellement sélectionné :

```
    OutilEnCours = 1
```

Enfin, la propriété Caption du contrôle NomOutil est modifiée. Rappelons que ce contrôle Label figure dans la partie gauche de la barre d'état.

```
    NomOutil.Caption = "Outil Crayon actif"
```

Après exécution de cette instruction, l'outil **Crayon** est donc signalé actif dans la barre d'outils.

Des instructions similaires prennent en charge l'événement Mousedown sur les objets trait_relevé, rect_relevé et ellipse_relevé :

```
  Private Sub trait_relevé_MouseDown(Button As
  Integer, Shift As Integer, X As Single, Y As
  Single)
    Deselectionne
    OutilEnCours = 2
    trait_relevé.Visible = False
    trait_enfoncé.Visible = True
    NomOutil.Caption = "Outil Trait actif"
  End Sub

  Private Sub rect_relevé_MouseDown(Button As
  Integer, Shift As Integer, X As Single, Y As
```

```
Single)
  Deselectionne
  OutilEnCours = 3
  rect_relevé.Visible = False
  rect_enfoncé.Visible = True
  NomOutil.Caption = "Outil Rectangle actif"
End Sub

Private Sub ellipse_relevé_MouseDown(Button As
Integer, Shift As Integer, X As Single, Y As
Single)
  Deselectionne
  OutilEnCours = 4
  ellipse_relevé.Visible = False
  ellipse_enfoncé.Visible = True
  NomOutil.Caption = "Outil Cercle actif"
End Sub
```

Nous allons marquer une pause.

Exécutez l'application en appuyant sur **F5**. Les boutons de la barre d'outils réagissent aux clics et la barre d'état est renseignée en conséquence, mais il est actuellement impossible de dessiner avec l'outil sélectionné. Pour ce faire, nous allons maintenant définir trois procédures qui réagiront aux événements MouseDown, MouseUp et MouseMove dans l'espace de travail de l'application.

Quittez l'application en cliquant sur sa case de fermeture, puis affichez la fenêtre de code en appuyant sur **F7**. Sélectionnez l'objet Form et la procédure MouseDown dans les listes modifiables Objet et Proc. Complétez la procédure Form_MouseDown comme suit :

```
Private Sub Form_MouseDown(Button As Integer, Shift
As Integer, X As Single, Y As Single)
  Tracé = True ' Autorise le tracé
  AncX = X
  AncY = Y
End Sub
```

Cette procédure utilise deux variables publiques qui doivent être définies dans la section (déclarations). Sélectionnez l'objet

(Général) et la procédure (déclarations), puis ajoutez l'instruction suivante dans cette section :

```
Public AncX, AncY
```

La variable Tracé sera utilisée pour déterminer si le tracé à main levée est possible (True) ou interdit (False). Lorsque l'utilisateur appuie sur le bouton gauche de la souris, la variable Tracé est paramétré sur True, de telle sorte que le tracé devient possible :

```
Tracé = True ' Autorise le tracé
```

L'outil de tracé à main levée relie le dernier point en mémoire avec le point courant par un segment de droite. Les coordonnées du dernier point sont mémorisées dans les variables AncX (ancienne coordonnée X) et AncY (ancienne coordonnée Y).

```
AncX = X
AncY = Y
```

Intéressons-nous maintenant aux actions à accomplir lorsque la souris est déplacée sur l'espace de travail, bouton gauche enfoncé. Sélectionnez l'objet Form et la procédure MouseMove. Complétez cette dernière comme suit :

```
Sub Form_MouseMove(Button As Integer, Shift As
Integer, X As Single, Y As Single)
  If Tracé Then
    If OutilEnCours = 1 Then
      If (AncX = 9999) And (AncY = 9999) Then
        PSet (X, Y) ' Dessine un point
      Else
        Line (AncX, AncY)-(X, Y)
      End If
      AncX = X
      AncY = Y
    End If
  End If
End Sub
```

Avant d'analyser ces lignes de code, vous devez savoir que lorsque les variables AncX et AncY ont toutes deux pour valeur 9999, cela signifie que le tracé n'a pas encore débuté. Cette valeur est affectée aux variables AncX et AncY au lancement de l'application et lorsque le bouton gauche de la souris est relâché. Cela permet de lever le crayon pour commencer un tracé sur une autre partie de la feuille. Sans cet artifice, le tracé serait continu, que le bouton gauche de la souris soit enfoncé ou non.

Sélectionnez l'objet Form et la procédure Load. Ajoutez les instructions suivantes dans cette procédure pour autoriser le déplacement de la souris sans tracé dès le lancement du programme :

```
Private Sub Form_Load()
  OutilEnCours = 1 'Sélection du crayon par défaut
  AncX = 9999 'Initialisation de l'abscisse au
  ➥départ
  AncY = 9999 'Initialisation de l'ordonnée au
  ➥départ
End Sub
```

Revenons à la procédure Form_MouseMove.

Si le tracé est autorisé, si l'outil sélectionné est le crayon, et si les variables AncX et AncY ont pour valeur 9999, un nouveau tracé commence. La procédure doit allumer le point désigné par la souris :

```
If Tracé Then
  If OutilEnCours = 1 Then
    If (AncX = 9999) And (AncY = 9999) Then
      PSet (X, Y) ' Dessine un point
```

Si, par contre, la valeur de AncX et/ou AncY ne vaut pas 9999, il faut relier les anciennes coordonnées avec la position pointée par la souris :

```
Else
  Line (AncX, AncY)-(X, Y)
End If
```

Enfin, les coordonnées courantes sont mémorisées dans les variables AncX et AncY :

```
AncX = X
AncY = Y
```

Nous allons maintenant définir la procédure Form_MouseUp qui sera responsable du tracé avec les trois derniers outils de la barre d'outils. Sélectionnez l'objet Form et la procédure MouseUp. Complétez cette procédure comme suit :

```
Sub Form_MouseUp(Button As Integer, Shift As
Integer, X As Single, Y As Single)
  Tracé = False    ' Interdit le tracé
  Select Case OutilEnCours
    Case 1
      AncX = 9999         'Réinitialisation de
                          ➥l'abscisse
      AncY = 9999         'et de l'ordonnée
    Case 2
      If (AncX <> 9999) And (AncY <> 9999) Then
        Line (AncX, AncY)-(X, Y)
        AncX = 9999
        AncY = 9999
      End If
    Case 3
      If (AncX <> 9999) And (AncY <> 9999) Then
        Line (AncX, AncY)-(X, Y), QBColor(12), BF
        AncX = 9999
        AncY = 9999
      End If
    Case 4
      If (AncX <> 9999) And (AncY <> 9999) Then
        CX = AncX + ((X - AncX) / 2)
        CY = AncY + ((Y - AncY) / 2)
        Rayon = Abs ((X - AncX) / 2)
        FillColor = QBColor(12)
        FillStyle = 0
        Circle (CX, CY), Rayon, QBColor(12)
        AncX = 9999
        AncY = 9999
      End If
  End Select
End Sub
```

Dans tous les cas, la variable Tracé est initialisée à False. Le tracé est donc interdit lorsque le bouton gauche de la souris est relâché :

```
Tracé = False      ' Interdit le tracé
```

Dans les instructions suivantes, la valeur de la variable OutilEn-Cours détermine quelle portion de code sera exécutée :

```
Select Case OutilEnCours
  Case 1
  ...
  Case 4
  ...
End Select
```

Si l'outil de tracé à main levée est actif, le relâchement du bouton gauche équivaut au lever du crayon. Cet état est mémorisé en affectant la valeur 9999 aux variables AncX et AncY :

```
Case 1
  AncX = 9999        'Réinitialisation de
                     ➥l'abscisse
  AncY = 9999        'et de l'ordonnée
```

Si l'outil **Trait** est actif, le relâchement du bouton gauche doit provoquer le tracé d'un segment de droite dont le premier point a été défini lors de l'enfoncement du bouton.

```
Case 2
  If (AncX <> 9999) And (AncY <> 9999) Then
    Line (AncX, AncY)-(X, Y)
```

Les variables AncX et AncY sont ensuite initialisées à 9999 pour permettre un nouveau tracé :

```
AncX = 9999
AncY = 9999
```

Si l'outil **Rectangle** est actif, un rectangle plein doit être tracé entre le point où le bouton gauche de la souris a été enfoncé et le point courant. Là aussi, les variables AncX et AncY sont réinitialisées à 9999 après le tracé :

```
Case 3
```

```
If (AncX <> 9999) And (AncY <> 9999) Then
  Line (AncX, AncY)-(X, Y), QBColor(12), BF
  AncX = 9999
  AncY = 9999
End If
```

Enfin, si l'outil **Ellipse** est actif, un cercle plein doit être tracé entre le point où le bouton gauche de la souris a été enfoncé et le point courant :

```
Case 4
  If (AncX <> 9999) And (AncY <> 9999) Then
```

Pour tracer un cercle avec la méthode `Circle`, il faut préciser son centre et son rayon. Les coordonnées du centre sont placées dans les variables CX et CY, et la valeur du rayon dans la variable `Rayon` :

```
CX = AncX + ((X - AncX) / 2)
CY = AncY + ((Y - AncY) / 2)
Rayon = (X - AncX) / 2
```

Pour que le cercle soit rempli, définissons la couleur et le type du remplissage :

```
FillColor = QBColor(12)
FillStyle = 0
```

Le cercle peut maintenant être tracé :

```
Circle (CX, CY), Rayon, QBColor(12)
```

Comme dans les trois autres cas, les variables AncX et AncY sont réinitialisées à 9999 pour permettre un déplacement de la souris sans tracé :

```
AncX = 9999
AncY = 9999
```

Pour terminer, vous allez définir la procédure `Quitter_Click` associée au bouton **Quitter** de la barre d'état. Double-cliquez sur ce bouton et complétez la procédure comme suit :

```
Private Sub Quitter_Click()
  End
End Sub
```

Exécution de l'application

Le programme peut être exécuté ; appuyez sur **F5**. Testez prudemment les quatre outils. Si quelque chose ne fonctionne pas, vous avez certainement mal saisi une instruction ou sauté une étape. Comparez le listing ci-après et le code de votre application pour localiser le problème.

```
Public Tracé
Public AncX, AncY
Public OutilEnCours

Private Sub Form_Load()
  OutilEnCours = 1 'Sélection du crayon par défaut
  AncX = 9999 'Initialisation de l'abscisse au
  ➥départ
  AncY = 9999 'Initialisation de l'ordonnée au
  ➥départ
End Sub

Private Sub Form_MouseDown(Button As Integer, Shift
As Integer, X As Single, Y As Single)
  Tracé = True ' Autorise le tracé
  AncX = X
  AncY = Y
End Sub

Sub Form_MouseUp(Button As Integer, Shift As
Integer, X As Single, Y As Single)
  Tracé = False    ' Interdit le tracé
  Select Case OutilEnCours
    Case 1
      AncX = 9999        'Réinitialisation de
                         ➥l'abscisse
      AncY = 9999        'et de l'ordonnée
    Case 2
      If (AncX <> 9999) And (AncY <> 9999) Then
        Line (AncX, AncY)-(X, Y)
        AncX = 9999
        AncY = 9999
      End If
    Case 3
```

```
        If (AncX <> 9999) And (AncY <> 9999) Then
          Line (AncX, AncY)-(X, Y), QBColor(12), BF
          AncX = 9999
          AncY = 9999
        End If
      Case 4
        If (AncX <> 9999) And (AncY <> 9999) Then
          CX = AncX + ((X - AncX) / 2)
          CY = AncY + ((Y - AncY) / 2)
          Rayon = (X - AncX) / 2
          FillColor = QBColor(12)
          FillStyle = 0
          Circle (CX, CY), Rayon, QBColor(12)
          AncX = 9999
          AncY = 9999
        End If
  End Select
End Sub

Sub Form_MouseMove(Button As Integer, Shift As
Integer, X As Single, Y As Single)
  If Tracé Then
    If OutilEnCours = 1 Then
      If (AncX = 9999) And (AncY = 9999) Then
        PSet (X, Y) ' Dessine un point
      Else
        Line (AncX, AncY)-(X, Y)
      End If
      AncX = X
      AncY = Y
    End If
  End If
End Sub

Private Sub crayon_relevé_MouseDown(Button As
Integer, Shift As Integer, X As Single, Y As
Single)
  Deselectionne
  crayon_relevé.Visible = False
  crayon_enfoncé.Visible = True
  OutilEnCours = 1
  NomOutil.Caption = "Outil Crayon actif"
End Sub
```

```
Private Sub trait_relevé_MouseDown(Button As
Integer, Shift As Integer, X As Single, Y As
Single)
  Deselectionne
  OutilEnCours = 2
  trait_relevé.Visible = False
  trait_enfoncé.Visible = True
  NomOutil.Caption = "Outil Trait actif"
End Sub

Private Sub rect_relevé_MouseDown(Button As
Integer, Shift As Integer, X As Single, Y As
Single)
  Deselectionne
  OutilEnCours = 3
  rect_relevé.Visible = False
  rect_enfoncé.Visible = True
  NomOutil.Caption = "Outil Rectangle actif"
End Sub

Private Sub ellipse_relevé_MouseDown(Button As
Integer, Shift As Integer, X As Single, Y As
Single)
  Deselectionne
  OutilEnCours = 4
  ellipse_relevé.Visible = False
  ellipse_enfoncé.Visible = True
  NomOutil.Caption = "Outil Cercle actif"
End Sub

Private Sub Quitter_Click()
  End
End Sub

Private Sub Deselectionne()
  Select Case OutilEnCours
    Case 1
      crayon_relevé.Visible = True
      crayon_enfoncé.Visible = False
    Case 2
      trait_relevé.Visible = True
      trait_enfoncé.Visible = False
```

```
    Case 3
      rect_relevé.Visible = True
      rect_enfoncé.Visible = False
    Case 4
      ellipse_relevé.Visible = True
      ellipse_enfoncé.Visible = False
  End Select
End Sub
```

Si vous avez téléchargé les programmes sources développés dans cet ouvrage, ce projet se trouve par défaut dans le répertoire **SSM\DESSIN**.

Résumé

Ce chapitre vous a montré comment affecter des lignes de code aux boutons d'une barre d'outils et d'une barre d'état, et comment afficher des informations textuelles dans une barre d'état en réponse aux actions de l'utilisateur. Vous avez également appris à gérer les événements MouseDown, MouseMove et MouseUp attachés à l'objet Form.

Chapitre 15

Fichiers et répertoires

Le but à atteindre

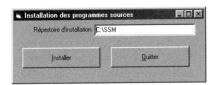

**Figure 15.1 : L'application "Installation
des programmes sources" en mode Exécution.**

Bien que très dépouillée, cette application n'en est pas moins performante, puisqu'elle permet d'installer tous les programmes sources développés dans le livre sur le disque dur en deux clics souris. Pour pouvoir exécuter cette application, vous devez télécharger l'archive compressée sur le site Web de Simon & Schuster Macmillan. Décompressez cette archive sur une disquette 3"1/2 1,44 méga-octets.

La zone de texte **Répertoire d'installation** affiche le répertoire d'installation par défaut. Si nécessaire, ce répertoire peut être modifié par l'utilisateur pour choisir un autre disque et/ou un autre répertoire.

Un simple clic sur le bouton **Installer** lance alors l'installation. Selon que le répertoire d'installation existe ou non, une boîte de message ou une autre est affichée :

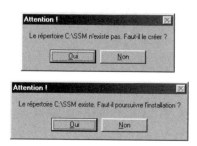

Figure 15.2 : L'une de ces boîtes de message est affichée en fonction de l'existence ou de l'inexistence du répertoire d'installation.

Un clic sur le bouton **Oui** d'une de ces boîtes de message se solde par l'installation des fichiers sources du livre dans le répertoire d'installation. Un clic sur le bouton **Non** redonne le contrôle à la boîte de dialogue "Installation des programmes sources". Il est alors possible de changer le nom du répertoire d'installation, ou d'appuyer sur le bouton **Quitter** pour quitter le programme d'installation.

Avant de commencer

Plusieurs fonctions et instructions Visual Basic permettent de manipuler les répertoires et les fichiers de vos unités de masse, aussi simplement (tout est relatif !) que vous le feriez sous MS-DOS :

- L'instruction **MkDir** crée un répertoire, et l'instruction **RmDir** supprime un répertoire. Attention, une erreur sera générée si vous essayez de supprimer un répertoire contenant un ou plusieurs fichiers et/ou un ou plusieurs sous-répertoires.

- L'instruction **Kill** supprime un ou plusieurs fichiers.

- La fonction **CurDir** renvoie le chemin courant sous forme de chaîne de caractères (par exemple, C:\SSM\INSTALL).

- Les instructions **ChDir** et **ChDrive** changent respectivement le répertoire et l'unité courants.

- Enfin, la fonction **Dir** renvoie un des fichiers du répertoire désigné. Utilisée répétitivement, elle passe en revue la totalité des fichiers du répertoire.

L'application "Installation des programmes sources" utilise plusieurs de ces instructions et fonctions. Pour obtenir d'autres renseignements à leur sujet, cliquez simplement sur un des mots clés et appuyez sur **F1**. La rubrique d'aide correspondante est immédiatement affichée. Elle est généralement accompagnée d'un exemple que vous pouvez directement copier/coller dans un de vos projets, si nécessaire.

Mise en place de la boîte de dialogue

La boîte de dialogue de l'application comporte :

- un label,

- une zone de texte,

- deux boutons de commande.

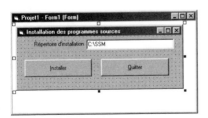

Figure 15.3 : La boîte de dialogue de l'application
"Installation des programmes sources" en mode Edition.

Pour définir cette boîte de dialogue, procédez comme suit :

1. Sélectionnez l'outil **Label**. Définissez une zone rectangulaire sur la feuille et affectez la valeur **Répertoire d'installation** à la propriété **Caption**.

2. Sélectionnez l'outil **TextBox**. Définissez une zone rectangulaire à droite du label. Donnez la valeur **Répertoire** à la propriété **Name** et la valeur **C:\SSM** à la propriété **Text**.

3. Sélectionnez l'outil **CommandButton** et définissez le premier bouton de commande. Affectez la valeur **&Installer** à la propriété **Caption** et la valeur **Installer** à la propriété **Name**.

4. Sélectionnez à nouveau l'outil **CommandButton** et définissez le second bouton de commande. Affectez la valeur **&Quitter** à la propriété **Caption** et la valeur **Quitter** à la propriété **Name**.

5. Pour terminer, cliquez sur un endroit inoccupé de la boîte de dialogue et affectez la valeur **Installation des programmes sources** à la propriété **Caption**. Redimensionnez la boîte de dialogue et sauvegardez le projet sous le nom **INSTALL**.

Définition des procédures de traitement

Comme vous vous en doutez, le code de l'application sera constitué de deux procédures principales : l'une associée à l'événement `Installer_Click` et l'autre à l'événement `Quitter_Click`.

Lorsque l'utilisateur clique sur le bouton `Installer_Click`, le programme doit réagir en effectuant les actions suivantes :

- Lecture du répertoire d'installation dans la zone de texte **Répertoire.**

- Affichage d'un message indiquant si le répertoire d'installation existe ou non, et demandant à l'utilisateur s'il désire poursuivre l'installation.

- Copie de tous les répertoires et de tous les fichiers sources du livre.

- Affichage d'un message indiquant que l'installation est terminée.

Double-cliquez sur le bouton Installer pour afficher le squelette de la procédure Installer_Click, et entrez les instructions suivantes :

```
Private Sub Installer_Click()
  Dim NomRép(30)
  i = 1
  On Error GoTo Erreur

  ' Pour que ce programme fonctionne, il doit être
    ➥placé
  ' dans la racine de l'unité de disquette
  cdir = CurDir("") + "\" 'Nom d'unité du lecteur
  ➥de disquettes

  ChDir Répertoire.TEXT 'Essai de passage au
  ➥répertoire
  MkDir Répertoire.TEXT 'Essai de création du
  ➥répertoire
  ' Copie des répertoires
  st1 = Dir(cdir, vbDirectory)
  While st1 <> ""
    st2 = Répertoire.TEXT + "\" + st1
    If (st1 <> ".") And (st1 <> "..") Then
      MkDir st2
      NomRép(i) = st1
      i = i + 1
    End If
    st1 = Dir()
  Wend
  MAX = i - 1 'Nombre de répertoires à copier

  'Copie des fichiers
  For i = 1 To MAX
    st3 = Dir(cdir + NomRép(i) +   "\*.*")
```

```
      While st3 <> ""
        Source = cdir + NomRép(i) +  "\" + st3
        Destin = Répertoire.TEXT + "\" + NomRép(i) +
        ➥"\" + st3
        FileCopy Source, Destin
        st3 = Dir()
      Wend
    Next i
    TXT = "Installation terminée."
    MsgBox (TXT)
    End

  'Routine de gestion des erreurs
  Erreur:
    Select Case Err.Number
      Case 76 'Répertoire inexistant
        TXT = "Le répertoire " + Répertoire.TEXT + "
        ➥n'existe pas. Faut-il le créer ?"
        Réponse = MsgBox(TXT, 4, "Attention !")
        If Réponse = vbYes Then
          MkDir Répertoire.TEXT
          premfois = False
          Resume Next
        End If
      Case 75 'Essai de création d'un répertoire
      ➥existant
        If (premfois = True) Then
          TXT = "Le répertoire
          ➥" + Répertoire.TEXT + " existe. Faut-il
          ➥poursuivre l'installation ?"
          Réponse = MsgBox(TXT, 4, "Attention !")
          If Réponse = vbYes Then
            premfois = False
            Resume Next
          Else
            GoTo fin
          End If
        End If
        Resume Next
    End Select
    Debug.Print Err.Number; Error(Err.Number)

  fin:
  End Sub
```

Cette procédure comporte un grand nombre d'instructions, mais son fonctionnement n'est pas très complexe. Les premières instructions déclarent les variables privées de la procédure :

```
Dim NomRép(30)
i = 1
```

Le tableau NomRép sera utilisé pour stocker le nom des répertoires de la disquette. Les entrées du tableau seront pointées par l'index entier i.

L'instruction suivante met en place une routine de traitement d'erreurs située après l'étiquette Erreur :

```
On Error GoTo Erreur
```

Cette routine sera utilisée pour afficher une boîte de message de confirmation, en fonction de l'existence ou de l'inexistence du répertoire d'installation.

Après exécution de la fonction CurDir, la variable cdir contient le nom d'unité du lecteur de disquettes :

```
cdir = CurDir("") + "\" 'Nom d'unité du lecteur
 de disquettes
```

L'une ou l'autre des deux instructions suivantes va générer une erreur :

```
ChDir Répertoire.TEXT 'Essai de passage au
➥répertoire
MkDir Répertoire.TEXT 'Essai de création du
➥répertoire
```

L'instruction ChDir Répertoire.TEXT tente de rendre actif le répertoire dont le nom est précisé dans la zone de texte **Répertoire** (C:\SSM par défaut). Si ce répertoire n'existe pas, une erreur **75** est générée. Le programme se débranche sur la portion de code correspondante :

```
Case 75 'Essai de création d'un répertoire
➥existant
...
```

L'exécution des instructions suivantes est conditionnée par la valeur de la variable premfois. Déclarez cette variable publique. Pour cela, sélectionnez l'objet (Général) et la procédure (Déclarations) et entrez la ligne ci-après :

```
Public premfois
```

Pour initialiser cette procédure à la valeur True dès l'exécution de l'application, nous utiliserons la procédure Form_Load. Double-cliquez sur un endroit inoccupé de la boîte de dialogue pour faire apparaître la procédure Form_Load et entrez l'instruction suivante :

```
Private Sub Form_Load()
   premfois = True 'Indicateur de passage
End Sub
```

Revenons au code associé au traitement de l'erreur **75**.

Lorsque l'indicateur premfois vaut True (ce qui est le cas lors de la première erreur **75**), une boîte de message indiquant que le répertoire d'installation existe est affichée :

```
If (premfois = True) Then
   TXT = "Le répertoire
   ➥" + Répertoire.TEXT + " existe. Faut-il
   ➥poursuivre l'installation ?"
   Réponse = MsgBox(TXT, 4, "Attention !")
```

Si l'utilisateur confirme la poursuite de l'installation, l'indicateur premfois est initialisé à False pour que l'erreur **75** ne soit plus traitée, et l'instruction qui suit la source de l'erreur est exécutée :

```
If Réponse = vbYes Then
   premfois = False
   Resume Next
```

Au contraire, lorsque l'indicateur premfois vaut False, aucun traitement n'est effectué :

```
Else
   GoTo fin
```

L'instruction MkDir Répertoire.TEXT tente de créer le répertoire dont le nom est précisé dans la zone de texte **Répertoire** (C:\SSM par défaut). Si ce répertoire existe, une erreur **76** est générée et le programme se débranche sur la portion de code correspondante :

```
Case 76 'Répertoire inexistant
...
```

Une boîte de message indiquant que le répertoire d'installation n'existe pas est affichée :

```
TXT = "Le répertoire " + Répertoire.TEXT + "
➥n'existe pas. Faut-il le créer ?"
Réponse = MsgBox(TXT, 4, "Attention !")
```

Si l'utilisateur confirme sa création, le répertoire est créé ; l'indicateur premfois est initialisé à False et l'instruction qui suit la source de l'erreur est exécutée :

```
If Réponse = vbYes Then
   MkDir Répertoire.TEXT
   premfois = False
   Resume Next
```

Assez ri ! Nous allons passer aux choses sérieuses...

Dans un premier temps, le programme va identifier les sous-répertoires de la disquette et les recréer dans le répertoire d'installation. Pour ce faire, la fonction Dir va être utilisée de façon répétitive.

La première occurrence de la fonction précise le type des fichiers recherchés :

```
st1 = Dir(cdir, vbDirectory)
```

Le répertoire de recherche est cdir, c'est-à-dire l'unité de disquette à partir de laquelle a été lancé le programme d'installation. Le type des fichiers recherchés est vbDirectory ; cela signifie que seuls les répertoires doivent être identifiés.

Si la chaîne retournée par la fonction Dir n'est pas vide, le nom du répertoire à créer est mémorisé dans la variable st2 :

```
While st1 <> ""
  st2 = Répertoire.TEXT + "\" + st1
```

La fonction `Dir` peut retourner deux types d'information :

- Un indicateur de répertoire : "." pour le répertoire courant, ".." pour le répertoire parent.

- Un nom de répertoire.

Seuls les noms de répertoires doivent être traités. Ils provoquent la création d'un sous-répertoire dans le répertoire d'installation et sont mémorisés dans le tableau `NomRép` :

```
If (st1 <> ".") And (st1 <> "..") Then
  MkDir st2
  NomRép(i) = st1
```

La recherche se poursuit jusqu'à ce que la fonction `Dir` renvoie une valeur nulle :

```
  i = i + 1
End If
st1 = Dir()
Wend
```

Dans ce cas, tous les répertoires de la disquette ont été passés en revue. Leur nombre est mémorisé dans la variable `MAX` :

```
MAX = i - 1 'Nombre de répertoires à copier
```

A présent, tous les sous-répertoires de la disquette ont été créés dans le répertoire d'installation. La seconde étape va consister à copier les fichiers de la disquette dans le répertoire d'installation. Pour cela, nous allons une fois encore utiliser la fonction `Dir`, mais en nous intéressant cette fois aux fichiers plutôt qu'aux répertoires.

Une boucle `For Next` permet de parcourir toutes les entrées du tableau `NomRép`, c'est-à-dire tous les répertoires contenant des fichiers à installer :

```
For i = 1 To MAX
  ...
Next i
```

La fonction `Dir` est utilisée pour rechercher tous les fichiers du répertoire `NomRép(i)` :

```
st3 = Dir(cdir + NomRép(i) +  "\*.*")
```

Tant que cette fonction ne renvoie pas une valeur nulle, tous les fichiers n'ont pas été transférés. Le nom du fichier source est placé dans la variable `Source`, et celui du fichier destination dans la variable `Destin` :

```
While st3 <> ""
  Source = cdir + NomRép(i) +  "\" + st3
  Destin = Répertoire.TEXT + "\" + NomRép(i) +
  ➡"\" + st3
```

Il suffit ensuite d'utiliser une instruction `FileCopy` pour copier le fichier source sur la destination :

```
FileCopy Source, Destin
```

La fonction `Dir()` utilisée sans argument poursuit la recherche sur les mêmes bases. Si d'autres fichiers existent dans le sous-répertoire courant, ils sont identifiés et copiés selon le même principe :

```
  st3 = Dir()
Wend
```

Dans le cas contraire, le sous-répertoire suivant est traité.

Lorsque tous les sous-répertoires ont été passés en revue, une boîte de message indique que l'installation est terminée, et le programme prend fin :

```
TXT = "Installation terminée."
MsgBox (TXT)
End
```

Allez, un petit cadeau pour terminer.

Double-cliquez sur le second bouton de commande et entrez l'instruction suivante dans la procédure `Quitter_Click` :

```
Private Sub Quitter_Click()
  End
End Sub
```

Exécution de l'application

Le code est maintenant entièrement défini. Enregistrez le projet, créez un exécutable (commande **Créer un fichier EXE** dans le menu **Fichier**) et copiez-le sur une disquette. Lancez le programme en double-cliquant dessus, par exemple à partir du Poste de travail de Windows 95. Après confirmation, les fichiers qui se trouvent dans les sous-répertoires de la disquette sont copiés dans le répertoire d'installation.

Si quelque chose ne fonctionne pas, vous avez certainement mal saisi une instruction ou sauté une étape. Comparez le listing ci-après et le code de votre application. Vous aurez tôt fait de localiser le problème.

```
Public premfois
Private Sub Form_Load()
  premfois = True 'Indicateur de passage
End Sub

Private Sub Installer_Click()
  Dim NomRép(30)
  i = 1
  On Error GoTo Erreur

  ' Pour que ce programme fonctionne, il doit être
    ➥placé dans la racine de l'unité de disquette
  cdir = CurDir("") + "\" 'Nom d'unité du lecteur
  ➥de disquettes
  ChDir Répertoire.TEXT 'Essai de passage au
  ➥répertoire
  MkDir Répertoire.TEXT 'Essai de création du
  ➥répertoire
  ' Copie des répertoires
  st1 = Dir(cdir, vbDirectory)
  While st1 <> ""
    st2 = Répertoire.TEXT + "\" + st1
    If (st1 <> ".") And (st1 <> "..") Then
      MkDir st2
      NomRép(i) = st1
      i = i + 1
    End If
```

180

```
    st1 = Dir()
  Wend
  MAX = i - 1 'Nombre de répertoires à copier

  'Copie des fichiers
  For i = 1 To MAX
    st3 = Dir(cdir + NomRép(i) +  "\*.*")
    While st3 <> ""
      Source = cdir + NomRép(i) +  "\" + st3
      Destin = Répertoire.TEXT + "\" + NomRép(i) +
      ➡"\" + st3
      FileCopy Source, Destin
      st3 = Dir()
    Wend
  Next i
  TXT = "Installation terminée."
  MsgBox (TXT)
  End

'Routine de gestion des erreurs
Erreur:
  Select Case Err.Number
    Case 76 'Répertoire inexistant
      TXT = "Le répertoire " + Répertoire.TEXT + "
      ➡n'existe pas. Faut-il le créer ?"
      Réponse = MsgBox(TXT, 4, "Attention !")
      If Réponse = vbYes Then
        MkDir Répertoire.TEXT
        premfois = False
        Resume Next
      End If
    Case 75 'Essai de création d'un répertoire
    ➡existant
      If (premfois = True) Then
        TXT = "Le répertoire
        ➡" + Répertoire.TEXT + " existe. Faut-il
        ➡poursuivre l'installation ?"
        Réponse = MsgBox(TXT, 4, "Attention !")
        If Réponse = vbYes Then
          premfois = False
          Resume Next
        Else
          GoTo fin
```

```
           End If
         End If
         Resume Next
    End Select
    Debug.Print Err.Number; Error(Err.Number)

 fin:
 End Sub

 Private Sub Quitter_Click()
    End
 End Sub
```

Si vous avez téléchargé les programmes sources développés dans cet ouvrage, ce projet se trouve par défaut dans le répertoire **SSM\INSTALL**.

Résumé

Ce chapitre vous a montré comment utiliser les commandes et fonctions liées à la manipulation des fichiers et des répertoires :

- **MkDir** pour créer un sous-répertoire,

- **ChDir** pour changer de répertoire,

- **Dir** pour rechercher un fichier ou un sous-répertoire dans un répertoire,

- **CurDir** pour connaître le chemin du répertoire courant.

N'hésitez pas à consulter l'aide interactive pour avoir plus d'informations au sujet de ces instructions et de leurs cousines Kill et ChDrive.

Chapitre 16

Lecture/écriture dans un fichier

Visual Basic 6.0 manipule trois types de fichiers :

1. Les **fichiers à accès séquentiel** : ils ne contiennent que du texte. Lors de leur ouverture, vous devez préciser le mode d'accès : en lecture (input), en écriture (output) ou en ajout (append).

2. Les **fichiers à accès direct** : ils sont constitués d'un ou de plusieurs enregistrements de longueur fixe. Ils sont simultanément accessibles en lecture et en écriture.

3. Les **fichiers binaires** : tous les fichiers qui n'entrent pas dans les deux précédentes catégories peuvent être ouverts comme fichiers binaires. Ils sont simultanément accessibles en lecture et en écriture.

Dans ce chapitre, nous allons examiner le fonctionnement des fichiers séquentiels et des fichiers à accès direct. Les fichiers binaires sont très proches des fichiers à accès direct, si ce n'est qu'ils manipulent des données de longueur quelconque.

Fichiers à accès séquentiel

Un fichier à accès séquentiel contient des données texte éventuellement réparties sur plusieurs lignes. Le passage d'une ligne à la suivante se fait par les caractères CR LF (*Carriage Return, Line Feed*) de code ASCII 13 et 10.

Pour ouvrir un fichier à accès séquentiel, vous utiliserez une instruction OPEN en indiquant le type d'accès souhaité, et un numéro d'identification du fichier.

Exemples :

```
Open "C:\FICHIER.TXT" For Input As #1
Open "C:\FICHIER.TXT" For Output As #1
Open "C:\FICHIER.TXT" For Append As #1
```

La première instruction ouvre le fichier séquentiel **C:\FICHIER.TXT** en lecture. Si ce fichier n'existe pas, une erreur **53** (Fichier introuvable) est générée.

La deuxième instruction ouvre le fichier séquentiel **C:\FICHIER.TXT** en écriture. Si ce fichier existe, il est effacé sans crier gare. Attention aux dégâts...

La troisième instruction ouvre le fichier en écriture. Toutes les données ajoutées sont placées à la fin du fichier. Les données précédentes demeurent intactes.

Pour écrire des données dans un fichier ouvert en mode Output ou Append, vous utiliserez l'instruction Print #.

Exemples :

```
Print #1, T.TEXT 'Ecrit le contenu de la zone de
texte T dans le fichier séquentiel
Print #1,156
Print #1,"Un peu de texte."
```

Pour lire des données dans un fichier séquentiel, vous utiliserez l'instruction Line Input #.

Exemple :

```
Line Input #1, Donnée
```

Sachez enfin que la fonction EOF retourne la valeur True ou False selon que la fin du fichier a été ou non atteinte.

Le but à atteindre

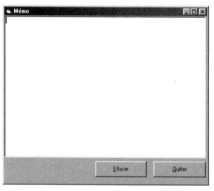

Figure 16.1 : L'application "Mémo" en mode Exécution.

L'application Mémo permet d'afficher et de saisir des informations texte dans une zone de texte multiligne. Ces données sont stockées dans le fichier séquentiel **C:\MEMO.TXT**.

Au lancement de l'application, si ce fichier existe, son contenu est affiché dans la zone de texte.

Le bouton **Effacer** supprime le contenu de la zone de texte.

Le bouton **Quitter** sauvegarde le contenu de la zone de texte dans le fichier **C:\MEMO.TXT** et met fin à l'application.

Mise en place de la boîte de dialogue

La boîte de dialogue de l'application comporte :

- une zone de texte,

- deux boutons de commande.

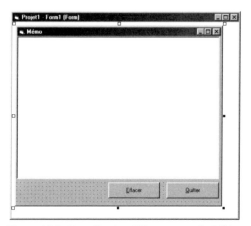

Figure 16.2 : L'application Mémo en mode Edition.

Pour la définir, procédez comme suit :

1. Sélectionnez l'outil **TextBox**. Définissez une zone rectangulaire occupant la quasi-totalité de la feuille. Affectez la valeur **Mémo** à la propriété **Name**, supprimez le contenu de la propriété **Text** et affectez la valeur **True** à la propriété **MultiLine**.

2. Sélectionnez l'outil **CommandButton** pour définir le premier bouton de commande. Affectez la valeur **&Effacer** à la propriété **Caption** et la valeur **Effacer** à la propriété **Name**.

3. Sélectionnez à nouveau l'outil **CommandButton** pour définir le second bouton de commande. Affectez la valeur **&Quitter** à la propriété **Caption** et la valeur **Quitter** à la propriété **Name**.

186

Définition des procédures de traitement

Dès le lancement de l'application, le contenu du fichier **C:\MEMO.TXT** doit être lu et copié dans la zone de texte **Mémo**. Pour cela, nous allons utiliser la procédure Form_Load qui, rappelons-le, est exécutée juste avant l'affichage de la feuille de l'application.

Double-cliquez sur une portion libre de la feuille et complétez la procédure Form_Load comme suit :

```
Private Sub Form_Load()
  On Error Resume Next 'les erreurs sont ignorées
  crlf = Chr$(13) +  Chr$(10)
  Open "c:\memo.txt" For Input As #1
  Line Input #1, texte
  tout = texte
  If Len(tout) <> 0 Then
    While Not EOF(1)
      Line Input #1, texte
      tout = tout + crlf + texte
    Wend
  End If  Mémo.TEXT = tout
  Close #1
End Sub
```

La première instruction de la procédure annule purement et simplement toutes les erreurs qui pourraient se produire pendant l'exécution :

```
On Error Resume Next 'les erreurs sont ignorées
```

La seconde instruction définit la constante crlf :

```
crlf = Chr$(13) +  Chr$(10)
```

 Les codes ASCII 13 et 10 correspondent respectivement au retour chariot et au passage à la ligne. En ajoutant un crlf dans une chaîne, il sera très simple de simuler un passage à la ligne suivante.

L'instruction suivante ouvre le fichier **C:\MEMO.TXT** en lecture :

```
Open "c:\memo.txt" For Input As #1
```

Lors de la première exécution de l'application, ce fichier n'existe pas. Une erreur **53** (Fichier introuvable) est générée. Grâce à l'instruction `On Error Resume Next`, exécutée quelques lignes plus haut, cette erreur ne sera pas prise en compte ; le programme se poursuivra en séquence.

Si le fichier existe, sa première ligne est placée dans la variable texte à l'aide d'une instruction `Line Input` :

```
Line Input #1, texte
```

Une boucle parcourt alors le fichier à la recherche d'éventuelles autres lignes :

```
While Not EOF(1)
  ...
Wend
```

Les chaînes lues dans la boucle sont concaténées aux précédentes dans la chaîne `tout`. Le séparateur utilisé est la chaîne `crlf`, ce qui provoquera un passage à la ligne dans la zone de texte :

```
Line Input #1, texte
tout = tout + crlf + texte
```

Une fois le fichier entièrement parcouru, la chaîne `tout` est affectée à la propriété `TEXT` de la zone de texte **Mémo**, ce qui provoque son affichage.

Une instruction `Close #1` ferme alors le fichier.

Nous allons maintenant nous intéresser aux procédures affectées aux deux boutons de commande.

Double-cliquez sur le bouton **Effacer** et complétez la procédure `Effacer_Click` comme suit :

```
Private Sub Effacer_Click()
  Mémo.TEXT = ""
End Sub
```

Le bouton **Effacer** doit provoquer l'effacement de la zone de texte **Mémo**. La seule action à accomplir consiste donc à affecter une chaîne vide à la propriété TEXT du contrôle.

Double-cliquez sur le bouton **Quitter** et complétez la procédure Quitter_Click comme suit :

```
Private Sub Quitter_Click()
  Open "c:\memo.txt" For Output As #1
  Print #1, Mémo.TEXT
  Close #1
  End
End Sub
```

La première instruction ouvre le fichier **C:\MEMO.TXT** en écriture :

```
Open "c:\memo.txt" For Output As #1
```

Le contenu de la zone de texte **Mémo** est ensuite copié dans le fichier :

```
Print #1, Mémo.TEXT
```

Puis le fichier est fermé :

```
Close #1
```

Exécution de l'application

Lancez cette mini-application. Vu la simplicité du code, il serait étonnant qu'elle ne fonctionne pas dès la première fois. Entrez des données dans la zone de texte, sur une ou plusieurs lignes, puis sauvegardez-les en appuyant sur le bouton **Quitter**. Pour consulter, compléter ou supprimer ces notes, il suffira de lancer à nouveau l'application. Si vous le désirez, vous pouvez exécuter ce programme à chaque nouvelle session de Windows. Sélectionnez la commande **Créer un fichier EXE** du menu **Fichier**, puis copiez ce fichier dans le groupe **Démarrage**. En moins d'une heure, vous venez de créer un aide-mémoire qui vous rappellera vos rendez-vous ou d'autres informations importantes à chaque lancement de Windows.

Si le programme ne fonctionne pas, comparez le listing ci-après et le code de votre application. Vous aurez tôt fait de localiser le problème.

```
Private Sub Effacer_Click()
  Mémo.TEXT = ""
End Sub

Private Sub Form_Load()
  On Error Resume Next 'les erreurs sont ignorées
  crlf = Chr$(13) +  Chr$(10)
  Open "c:\memo.txt" For Input As #1
  Line Input #1, texte
  tout = texte
  If Len(tout) <> 0 Then
    While Not EOF(1)
      Line Input #1, texte
      tout = tout + crlf + texte
    Wend
  End If
  Mémo.TEXT = tout
  Close #1
End Sub

Private Sub Quitter_Click()
  Open "c:\memo.txt" For Output As #1
  Print #1, Mémo.TEXT
  Close #1
  End
End Sub
```

Fichiers à accès direct

Un fichier à accès direct contient des données organisées dans des enregistrements de longueur fixe. Par exemple, dans un carnet d'adresses, la déclaration d'un enregistrement peut se faire avec l'instruction Type ci-après :

```
Type Enreg
  Nom As String * 25
  Prénom As String * 25
  Adresse As String * 200
```

```
      Téléphone As String * 20
      Fax As String * 25
   End Type
```

Enreg est le nom de l'enregistrement. Dans cet exemple, il est composé de cinq variables chaîne de longueur déterminée : Nom, Prénom, Adresse, Téléphone et Fax.

Pour utiliser le type Enreg, il suffira de définir une variable de ce type avec l'instruction suivante :

```
   Dim Adr As Enreg
```

Adr est une variable de type Enreg. Pour accéder à une des variables de ce type, il faudra utiliser une instruction à point. Par exemple, Adr.Fax représente la donnée Fax de l'enregistrement.

Pour ouvrir un fichier à accès direct, vous utiliserez une instruction OPEN en indiquant la longueur de chaque enregistrement.

Par exemple :

```
   Open "c:\adresse.adr" For Random As #1 Len = Len(Adr)
```

Cette instruction suppose que la variable enregistrement Adr représente les données stockées et à stocker dans le fichier.

Pour lire un enregistrement dans un fichier à accès direct, vous utiliserez l'instruction Get #. A titre d'exemple, l'instruction suivante lit le premier enregistrement du fichier :

```
   Get #1, 1, Adr
```

Les données lues peuvent être utilisées avec des instructions à point, comme Adr.Nom ou encore Adr.Adresse.

Enfin, pour écrire un enregistrement dans un fichier à accès direct, vous utiliserez l'instruction Put #, selon la même syntaxe que pour l'instruction Get #. Bien entendu, vous devez avoir initialisé les variables de l'enregistrement avant d'utiliser l'instruction Put #.

Le but à atteindre

Figure 16.3 : L'application "Carnet d'adresses" en mode Exécution.

L'application Carnet d'adresses mémorise une ou plusieurs adresses dans le fichier **C:\ADRESSE.ADR**. Ce fichier peut être visualisé, complété et modifié à l'aide des boutons fléchés. Un clic sur le bouton **Quitter** mémorise l'adresse en cours d'édition et ferme l'application.

La boîte de dialogue de l'application comporte :

- cinq labels,

- cinq zones de texte dont une multiligne,

- cinq boutons de commande.

Pour définir cette boîte de dialogue, procédez comme suit :

 1. Sélectionnez l'outil **Label** et définissez les cinq labels. Modifiez leur propriété **Caption** pour obtenir le résultat de la figure précédente.

 2. Sélectionnez l'outil **TextBox** et définissez une zone de texte en face de chaque label. Modifiez la propriété **Name** de ces contrôles comme suit (de haut en bas) : **Nom**, **Prénom**, **Adresse**, **Téléphone**, **Fax**. Effacez les valeurs par défaut des propriétés **Text**. Enfin, affectez la valeur **True** à la propriété **Multi-Line** de la zone du contrôle **Adresse**.

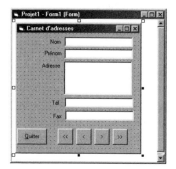

Figure 16.4 : La boîte de dialogue Carnet d'adresses en mode Edition.

 3. Sélectionnez l'outil **CommandButton**. Définissez cinq boutons de commande et modifiez les propriétés **Caption** et **Name** comme indiqué dans le tableau ci-après.

Bouton	Caption	Name
Button1	&Quitter	Quitter
Button2	<<	Premier
Button3	<	Précédent
Button4	>	Suivant
Button5	>>	Dernier

Définition des procédures de traitement

Le code de cette application est assez volumineux. Mais pas de panique ! Avec un peu de méthode, tout vous semblera très clair.

Sélectionnez la commande **Code** dans le menu **Affichage**, ou appuyez sur **F7**, pour afficher la fenêtre de code. Sélectionnez l'objet (Général) et la procédure (déclarations). Entrez les lignes suivantes pour définir les variables publiques utilisées par le programme.

```
' ------------------------------------------------
' Définition des variables et de la structure
' utilisées par le programme
' ------------------------------------------------
Public Numéro As Integer
Public MaxEnreg As Integer
Private Type Enreg
   Nom As String * 25
   Prénom As String * 25
   Adresse As String * 200
   Téléphone As String * 20
   Fax As String * 25
End Type
Dim Adr As Enreg
```

La variable Numéro représente le numéro de l'adresse en cours d'édition, et la variable MaxEnreg le numéro de la dernière adresse du fichier.

A partir de la troisième ligne de code, vous reconnaissez le type Enreg qui déclare les variables correspondant aux adresses manipulées.

Enfin, la dernière ligne définit la variable Adr de type Enreg. C'est par l'intermédiaire de cette variable que les données seront lues et copiées dans le fichier d'adresses.

Dès le lancement de l'application, le fichier d'adresses doit être ouvert (s'il existe) et la première adresse affichée dans la boîte de dialogue. Ces actions seront accomplies par la procédure Form_Load, exécutée dès le lancement de l'application.

Double-cliquez sur un endroit libre de la boîte de dialogue et complétez la procédure Form_Load comme suit :

```
Private Sub Form_Load()
' Ouverture du fichier de données
   Open "c:\adresse.adr" For Random As #1 Len =
```

```
Len(Adr)
  Get #1, 1, Adr
  If Asc(Adr.Nom) <> 0 Then
    MaxEnreg = Val(Adr.Nom)
  Else
    MaxEnreg = 2
  End If
  Numéro = 2
  Lit
End Sub
```

La première instruction ouvre le fichier **C:\ADRESSE.ADR** en accès direct :

```
Open "c:\adresse.adr" For Random As #1 Len =
Len(Adr)
```

La longueur d'un enregistrement est connue à l'aide de la fonction Len, appliquée à la variable enregistrement Adr.

La seconde instruction lit le premier enregistrement du fichier et le stocke dans la variable Enr :

```
Get #1, 1, Adr
```

Ce premier enregistrement est un peu particulier. En effet, seul le champ Nom est utilisé pour mémoriser le nombre d'enregistrements du fichier.

Si le champ Nom contient une donnée, cette dernière est stockée après conversion dans la variable MaxEnreg :

```
If Asc(Adr.Nom) <> 0 Then
  MaxEnreg = Val(Adr.Nom)
```

Dans le cas contraire, le fichier **C:\ADRESSE.ADR** n'existe pas et le nombre d'enregistrements est initialisé à 2 :

```
Else
  MaxEnreg = 2
End If
```

Le numéro de l'enregistrement courant est mis à 2, puis la procédure Lit est appelée pour affecter les valeurs lues aux zones de texte de la boîte de dialogue :

```
Numéro = 2
Lit
```

La procédure Lit est un modèle de simplicité. Pour la définir, entrez les instructions suivantes :

```
Sub Lit()
' Lecture de l'enregistrement "Numéro"
  Get #1, Numéro, Adr
  Nom.TEXT = Adr.Nom
  Prénom.TEXT = Adr.Prénom
  Adresse.TEXT = Adr.Adresse
  Téléphone.TEXT = Adr.Téléphone
  Fax.TEXT = Adr.Fax
End Sub
```

La première instruction lit l'enregistrement Numéro et le stocke dans la variable enregistrement Adr :

```
Get #1, Numéro, Adr
```

Les instructions suivantes copient les champs de la variable Adr dans les zones de texte correspondantes. Par exemple, pour le champ Nom :

```
Nom.TEXT = Adr.Nom
```

Nous allons maintenant définir les procédures associées aux clics sur les boutons de commande.

Double-cliquez sur le bouton << et complétez la procédure Premier_Click comme suit :

```
Private Sub Premier_Click()
' Affichage du premier enregistrement
  If Nom.TEXT <> nul Then
    Ecrit
  Else
    MaxEnreg = MaxEnreg - 1
  End If
```

```
      Numéro = 2
      Lit
      Nom.SetFocus
   End Sub
```

Lorsque l'utilisateur clique sur le bouton <<, l'adresse en cours d'édition doit être sauvegardée, si elle existe :

```
   If Nom.TEXT <> nul Then
      Ecrit
```

La procédure `Ecrit` est le pendant de la procédure `Lit` ; elle écrit les données qui se trouvent dans les zones de texte dans le fichier **C:\ADRESSE.ADR** :

```
   Sub Ecrit()
   ' Ecriture de l'enregistrement "Numéro"
      Adr.Nom = Nom.TEXT
      Adr.Prénom = Prénom.TEXT
      Adr.Adresse = Adresse.TEXT
      Adr.Téléphone = Téléphone.TEXT
      Adr.Fax = Fax.TEXT
      Put #1, Numéro, Adr
   End Sub
```

Les cinq premières instructions copient le contenu des zones de texte dans les champs de la variable `Adr`. La dernière instruction stocke la variable `Adr` dans le fichier, à la position `Numéro` :

```
   Put #1, Numéro, Adr
```

Revenons à la procédure `Premier_Click`.

Si l'adresse en cours d'édition n'est pas remplie, elle ne doit pas être prise en compte dans le nombre d'adresses total :

```
   Else
      MaxEnreg = MaxEnreg - 1
```

La procédure se poursuit par la définition du numéro de l'adresse à afficher et par son affichage :

```
   Numéro = 2
   Lit
```

Pour faciliter la modification de cette adresse, la zone de texte **Nom** reçoit le focus :

```
Nom.SetFocus
```

Cette instruction provoque l'affichage du point d'insertion dans la zone de texte **Nom**.

Vous allez maintenant définir la procédure associée au bouton >>. Double-cliquez sur ce bouton et complétez la procédure Dernier_Click comme suit :

```
Private Sub Dernier_Click()
' Déplacement vers 0le dernier enregistrement
  If Nom.TEXT <> nul Then
    Ecrit
  Else
    MaxEnreg = MaxEnreg - 1
  End If
  Numéro = MaxEnreg
  Lit
  Nom.SetFocus
End Sub
```

Comme vous pouvez le constater, les procédures Premier_Click et Dernier_Click sont assez proches.

Dans un premier temps, la zone de texte **Nom** est testée. Si elle contient une donnée, l'adresse en cours d'édition est stockée. Dans le cas contraire, le nombre d'adresses total est décrémenté. L'adresse à affichée est la dernière. La variable Numéro est donc initialisée à la valeur MaxEnreg :

```
Numéro = MaxEnreg
```

Les données correspondantes sont lues dans le fichier puis affichées, et le focus est donné à la zone de texte **Nom** :

```
Lit
Nom.SetFocus
```

Allez, encore un effort, il ne reste plus qu'à écrite trois procédures...

Double-cliquez sur le bouton < et complétez la procédure Précédent_Click comme suit :

```
Private Sub Précédent_Click()
' Affichage de l'enregistrement précédent
  If Numéro > 2 Then
    If Nom.TEXT <> nul Then
      Ecrit
    Else
      MaxEnreg = MaxEnreg - 1
    End If
    Numéro = Numéro - 1
    Lit
    Nom.SetFocus
  Else
    Beep
  End If
End Sub
```

Au début de la procédure, vous reconnaissez le désormais classique If Then Else qui teste la valeur du champ Nom. Si le champ Nom est renseigné, l'adresse courante est enregistrée. Dans le cas contraire, le nombre d'enregistrements total est décrémenté.

Ce test est précédé d'un autre If :

```
If Numéro > 2 Then
```

Le passage à l'adresse précédente n'est en effet possible que si le début du fichier n'a pas été atteint. Dans ce cas, le numéro de l'adresse à afficher est décrémenté ; l'adresse est lue puis affichée, et le focus est donné au champ Nom :

```
Numéro = Numéro - 1
Lit
Nom.SetFocus
```

Si, par contre, le début du fichier est atteint, un bip est émis et aucune action n'est effectuée :

```
Else
  Beep
End If
```

Passons maintenant au traitement du bouton >. Double-cliquez sur ce bouton et complétez la procédure Suivant_Click comme suit :

```
Private Sub Suivant_Click()
' Affichage de l'enregistrement suivant
  If Nom.TEXT <> nul Then
    Ecrit
    Numéro = Numéro + 1
    If Numéro > MaxEnreg Then
      MaxEnreg = Numéro
    End If
    Lit
    Nom.SetFocus
  Else
    Beep
  End If
End Sub
```

La procédure débute par le test de la zone de texte **Nom**. Si cette zone est renseignée, l'adresse est sauvegardée et le numéro de l'enregistrement courant incrémenté :

```
If Nom.TEXT <> nul Then
  Ecrit
  Numéro = Numéro + 1
```

Si le numéro de l'adresse courante est supérieur au nombre d'adresses total, cette dernière information est actualisée :

```
If Numéro > MaxEnreg Then
  MaxEnreg = Numéro
End If
```

La procédure se poursuit par la lecture et l'affichage de l'adresse suivante. Pour faciliter la saisie, le focus est donné au champ Nom :

```
Lit
Nom.SetFocus
```

Le dernier cas testé correspond à un clic sur le bouton > alors que la dernière adresse non renseignée est en cours d'édition. Ce cas se solde par l'émission d'un bip sonore et ne donne lieu à aucune autre action :

```
   Else
      Beep
   End If
```

Enfin, la dernière ligne droite.

Double-cliquez sur le bouton **Quitter**. Complétez la procédure Quitter_Click comme suit :

```
Private Sub Quitter_Click()
' Fin de l'application
   If Nom.TEXT <> nul Then
      Ecrit
   End If
   Adr.Nom = MaxEnreg
   Put #1, 1, Adr
   Close #1
   End
End Sub
```

Les premières instructions enregistrent l'adresse courante dans le cas où le champ Nom est renseigné :

```
If Nom.TEXT <> nul Then
   Ecrit
End If
```

Le nombre total d'enregistrements est ensuite placé dans le champ Nom et sauvegardé dans la première adresse :

```
Adr.Nom = MaxEnreg
Put #1, 1, Adr
```

Le fichier est fermé et l'application prend fin :

```
Close #1
End
```

Ainsi se termine la définition du code de l'application **Carnet d'adresses**.

Exécution de l'application

Vous devez être impatient d'exécuter cette application qui vous a peut-être occasionné quelques ampoules. Appuyez sur **F5**. Si aucune adresse n'est affichée, cela est normal ; lors de la première utilisation de l'application, le fichier **C:\ADRESSE.ADR** n'existe pas. Entrez par exemple l'adresse de votre éditeur informatique préféré (SSM bien sûr !), puis quittez l'application en appuyant sur le bouton **Quitter**. Relancez l'application en appuyant sur **F5**. L'adresse qui vient d'être saisie apparaît triomphalement dans la fenêtre. Vous pouvez maintenant en saisir d'autres et vérifier le bon fonctionnement des boutons de déplacement.

Si un message d'erreur est affiché, si la première adresse n'est pas affichée, si les boutons fléchés ne fonctionnent pas... bref, si vous rencontrez un problème quelconque, comparez le listing ci-après et le code de votre application. Une erreur s'est très certainement glissée lors de la saisie.

```
' ------------------------------------------
' Définition des variables et de la structure
' utilisées par le programme
' ------------------------------------------
Public Numéro As Integer
Public MaxEnreg As Integer
Private Type Enreg
  Nom As String * 25
  Prénom As String * 25
  Adresse As String * 200
  Téléphone As String * 20
  Fax As String * 25
End Type
Dim Adr As Enreg

Private Sub Form_Load()
' Ouverture du fichier de données
  Open "c:\adresse.adr" For Random As #1 Len =
Len(Adr)
  Get #1, 1, Adr
  If Asc(Adr.Nom) <> 0 Then
    MaxEnreg = Val(Adr.Nom)
  Else
    MaxEnreg = 2
  End If
  Numéro = 2
```

```
   Lit
 End Sub

 Private Sub Précédent_Click()
 ' Affichage de l'enregistrement précédent
   If Numéro > 2 Then
     If Nom.TEXT <> nul Then
       Ecrit
     Else
       MaxEnreg = MaxEnreg - 1
     End If
     Numéro = Numéro - 1
     Lit
     Nom.SetFocus
   Else
     Beep
   End If
 End Sub

 Private Sub Suivant_Click()
 ' Affichage de l'enregistrement suivant
   If Nom.TEXT <> nul Then
     Ecrit
     Numéro = Numéro + 1
     If Numéro > MaxEnreg Then
       MaxEnreg = Numéro
     End If
     Lit
     Nom.SetFocus
   Else
     Beep
   End If
 End Sub

 Private Sub Premier_Click()
 ' Affichage du premier enregistrement
   If Nom.TEXT <> nul Then
     Ecrit
   Else
     MaxEnreg = MaxEnreg - 1
   End If
   Numéro = 2
   Lit
```

```
  Nom.SetFocus
End Sub

Private Sub Dernier_Click()
' Déplacement vers le dernier enregistrement
  If Nom.TEXT <> nul Then
    Ecrit
  Else
    MaxEnreg = MaxEnreg - 1
  End If
  Numéro = MaxEnreg
  Lit
  Nom.SetFocus
End Sub

Private Sub Quitter_Click()
' Fin de l'application
  If Nom.TEXT <> nul Then
    Ecrit
  End If
  Adr.Nom = MaxEnreg
  Put #1, 1, Adr
  Close #1
  End
End Sub

Sub Lit()
' Lecture de l'enregistrement "Numéro"
  Get #1, Numéro, Adr
  Nom.TEXT = Adr.Nom
  Prénom.TEXT = Adr.Prénom
  Adresse.TEXT = Adr.Adresse
  Téléphone.TEXT = Adr.Téléphone
  Fax.TEXT = Adr.Fax
End Sub
Sub Ecrit()
' Ecriture de l'enregistrement "Numéro"
  Adr.Nom = Nom.TEXT
  Adr.Prénom = Prénom.TEXT
  Adr.Adresse = Adresse.TEXT
  Adr.Téléphone = Téléphone.TEXT
  Adr.Fax = Fax.TEXT
  Put #1, Numéro, Adr
End Sub
```

Si vous avez téléchargé les programmes sources développés dans cet ouvrage, ce projet se trouve par défaut dans le répertoire **SSM\ADRESSES**.

Résumé

Ce chapitre vous a montré comment manipuler des fichiers séquentiels et des fichiers à accès direct. Vous avez en particulier appris à utiliser les instructions et fonctions Open, Line Input #, Print #, EOF, Put, Get et Close.

Visual Basic 6.0 peut aller plus loin dans la gestion des fichiers. Il lui est en particulier possible d'accéder à des fichiers de bases de données et de les modifier. Reportez-vous au Chapitre 28 pour avoir plus d'informations à ce sujet.

Chapitre 17

Vous avez dit police ?

Windows est livré avec cinq polices de caractères TrueType : Arial,
Courrier New, Symbol, Times New Roman et Wingdings. Ces polices peuvent être utilisées pour l'affichage ou pour l'impression.
Selon le fabricant et le type de l'imprimante utilisée, une ou plusieurs polices supplémentaires, dites polices d'impression, peuvent
être disponibles.

Etant donné que chaque utilisateur peut disposer d'une imprimante
différente, qu'il peut à son gré ajouter de nouvelles polices ou supprimer certaines polices installées, il est fortement déconseillé d'utiliser des polices exotiques si vous désirez diffuser vos applications.
En choisissant parmi les cinq polices par défaut, vous diminuez déjà
fortement les risques. Pourtant, il est toujours impossible d'affirmer
que les polices que vous utilisez seront installées sur les machines
cibles. Rassurez-vous, ce chapitre vous apprendra à connaître les
polices disponibles sur une machine donnée, et à modifier la police
et les attributs des éléments texte affichés dans une feuille Visual
Basic.

Le but à atteindre

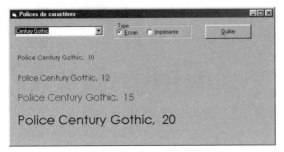

Figure 17.1 : L'application Polices de caractères en mode Exécution.

Cette application recherche les polices d'écran et les polices d'imprimante. Elle les affiche dans une liste modifiable. Lorsque vous sélectionnez une des entrées de cette liste, un court texte est affiché dans différentes tailles en utilisant la police sélectionnée.

L'affichage se fait dans des contrôles Label, mais il pourrait aussi bien concerner des contrôles TextBox.

Mise en place de la boîte de dialogue

La boîte de dialogue de l'application comporte :

- une liste modifiable,
- un groupe d'options,
- deux boutons radio,
- un bouton de commande,
- quatre labels.

Arrivé à ce stade dans la lecture du livre, vous devez être en mesure de sélectionner (tout seul, comme un grand) les contrôles dans la boîte à outils et de les positionner dans la feuille. A partir de maintenant, seules les propriétés modifiées seront citées.

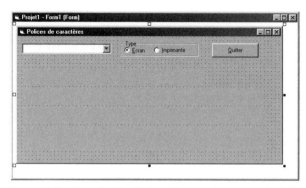

Figure 17.2 : L'application Polices de caractères en mode Edition.

Contrôle	Propriétés modifiées
Liste modifiable	Effacez la propriété Text, et donnez la valeur Polices à la propriété Name.
Frame	Donnez la valeur Type aux propriétés Caption et Name.
Bouton d'option Ecran	Donnez la valeur &Ecran à la propriété Caption, la valeur Ecran à la propriété Name et la valeur True à la propriété Value. Cette dernière propriété marque le bouton Ecran dès le lancement de l'application.
Bouton d'option Imprimante	Donnez la valeur &Imprimante à la propriété Caption et la valeur Imprimante à la propriété Name.
Bouton de commande Quitter	Donnez la valeur &Quitter à la propriété Caption et la valeur Quitter à la propriété Name.
Label 1	Donnez la valeur c10 à la propriété Name et effacez la propriété Caption.
Label 2	Donnez la valeur c12 à la propriété Name et effacez la propriété Caption.

Contrôle	Propriétés modifiées
Label 3	Donnez la valeur c15 à la propriété Name et effacez la propriété Caption.
Label 4	Donnez la valeur c20 à la propriété Name et effacez la propriété Caption.

Définition des procédures de traitement

Au lancement de l'application, le bouton radio **Ecran** est actif. La liste modifiable doit donc contenir le nom des polices d'écran. Pour cela, nous allons utiliser la méthode AddItem dans la procédure Form_Load. Cette procédure est automatiquement exécutée dès le lancement de l'application, avant même que la feuille ne soit affichée. En plaçant les instructions de remplissage de la liste modifiable dans cette procédure, nous obtiendrons donc le résultat recherché.

Double-cliquez sur un endroit libre de la feuille et complétez la procédure Form_Load comme suit :

```
Private Sub Form_Load()
  scfont = Screen.FontCount - 1
  For i = 0 To scfont
    Polices.AddItem Screen.Fonts(i)
  Next i
End Sub
```

La première instruction utilise la propriété FontCount pour connaître le nombre de polices écran disponibles. Le numéro de la première police est 0. C'est pourquoi la valeur est diminuée d'une unité avant d'être mémorisée dans la variable scfont :

```
scfont = Screen.FontCount - 1
```

Une simple boucle For Next copie alors le nom des polices dans la liste modifiable :

```
For i = 0 To scfont
  Polices.AddItem Screen.Fonts(i)
Next i
```

L'instruction `Polices.AddItem Screen.Fonts(i)` doit être interprétée ainsi : ajouter (`AddItem`) dans la liste modifiable Polices (`Polices`) le nom de la police d'écran d'indice i (`Screen. Fonts(i)`).

Allez, faites-vous un petit plaisir. Lancez l'application en appuyant sur **F5**. La liste modifiable contient effectivement le nom de toutes les polices d'écran installées. Beau début, n'est-ce pas ?

Nous allons maintenant nous intéresser aux boutons radio **Imprimante** et **Ecran**.

Un clic sur le bouton radio **Imprimante** doit provoquer la mise à jour de la liste modifiable, de telle sorte qu'elle contienne le nom des polices d'imprimante. Les instructions utilisées seront du même type que celles de la procédure `Form_Load`, mais ici, la première partie des instructions à point fera référence à l'imprimante et non à l'écran.

Double-cliquez sur le bouton **Imprimante** et complétez la procédure `Imprimante_Click` comme suit :

```
Private Sub Imprimante_Click()
  Polices.Clear
  prfont = Printer.FontCount - 1
  For i = 0 To prfont
    Polices.AddItem Printer.Fonts(i)
  Next i
End Sub
```

La première instruction utilise la méthode `Clear` pour supprimer le contenu de la liste modifiable :

```
Polices.Clear
```

L'instruction suivante stocke dans la variable `prfont` le nombre de polices d'imprimante :

```
prfont = Printer.FontCount - 1
```

Enfin, une boucle `For   Next` affecte ces polices à la liste modifiable :

```
For i = 0 To prfont
  Polices.AddItem Printer.Fonts(i)
Next i
```

Le bouton radio **Ecran** doit effectuer le même travail, mais il s'agit cette fois-ci d'affecter les polices d'écran à la liste modifiable, et non les polices d'imprimante.

Double-cliquez sur le bouton radio **Ecran** et complétez la procédure Ecran_Click comme suit :

```
Private Sub Ecran_Click()
  Polices.Clear
  scfont = Screen.FontCount - 1
  For i = 0 To scfont
    Polices.AddItem Screen.Fonts(i)
  Next i
End Sub
```

A ce stade, l'application est en mesure d'accomplir un certain nombre d'actions :

- Affectation des noms des polices d'écran dans la liste modifiable dès le lancement de l'application.

- Modification de la liste modifiable pour lister les polices d'imprimante lorsque le bouton radio **Imprimante** est sélectionné.

- Modification de la liste modifiable pour lister les polices d'écran lorsque le bouton radio **Ecran** est sélectionné.

Pour terminer l'application, nous allons écrire la procédure Polices_Click qui réagira aux sélections de l'utilisateur dans la liste modifiable. Dans la fenêtre de code, sélectionnez l'objet **Polices** et la procédure Click. Complétez cette procédure comme suit :

```
Private Sub Polices_Click()
  c10.Caption = "Police " + Polices.TEXT + ",
" + Str(10)
  c10.Font.Name = Polices.TEXT
  c10.Font.Size = 10
  c12.Caption = "Police " + Polices.TEXT + ",
" + Str(12)
```

```
    c12.Font.Name = Polices.TEXT
    c12.Font.Size = 12
    c15.Caption = "Police " + Polices.TEXT + ",
    ➥" + Str(15)
    c15.Font.Name = Polices.TEXT
    c15.Font.Size = 15
    C20.Caption = "Police " + Polices.TEXT + ",
    ➥" + Str(20)
    C20.Font.Name = Polices.TEXT
    C20.Font.Size = 20
  End Sub
```

La procédure Polices_Click est composée de quatre blocs de trois instructions. Chaque bloc s'applique à un des quatre contrôles **Label**.

La première instruction définit le texte à afficher dans le label c10. Remarquez l'utilisation de l'expression Polices.TEXT qui renvoie le nom de la police sélectionnée dans la liste modifiable :

```
    c10.Caption = "Police " + Polices.TEXT + ",
    ➥" + Str(10)
```

La deuxième instruction définit la police à utiliser dans le label c10 :

```
    c10.Font.Name = Polices.TEXT
```

Remarquez l'expression à double point c10.Font.Name qui donne accès à la propriété Font.Name du label c10.

D'une manière similaire, la taille de la police est définie par une expression à double point :

```
    c10.Font.Size = 10
```

D'autres propriétés sont accessibles grâce à la même technique :

Font.Bold : gras si True, maigre si False.

Font.Italic : italique si True, romain si False.

Font.StrikeThrough : barré si True, non barré si False.

Font.Underline : souligné si True, non souligné si False.

213

> **Font.Weight** : graisse de la police, entre 400 et 700.

Les instructions suivantes définissent le texte, la police et le corps des labels 2 à 4.

Allez, un dernier effort.

Double-cliquez sur le bouton **Quitter** et entrez l'instruction End dans la procédure Quitter_Click :

```
Private Sub Quitter_Click()
  End
End Sub
```

Exécution de l'application

Lancez l'application en appuyant sur **F5**. La liste modifiable est totalement opérationnelle. Les boutons radio modifient son contenu pour indiquer quelles sont les polices d'écran et d'imprimante installées sur votre machine.

Voici le listing de l'application, au cas où quelque chose ne fonctionnerait pas.

```
Private Sub Form_Load()
  scfont = Screen.FontCount - 1
  For i = 0 To scfont
    Polices.AddItem Screen.Fonts(i)
  Next i
End Sub

Private Sub Ecran_Click()
  Polices.Clear
  scfont = Screen.FontCount - 1
  For i = 0 To scfont
    Polices.AddItem Screen.Fonts(i)
  Next i
End Sub

Private Sub Imprimante_Click()
  Polices.Clear
  prfont = Printer.FontCount - 1
```

```
  For i = 0 To prfont
    Polices.AddItem Printer.Fonts(i)
  Next i
End Sub
Private Sub Polices_Click()
  c10.Caption = "Police " + Polices.TEXT + ",
  ➡" + Str(10)
  c10.Font.Name = Polices.TEXT
  c10.Font.Size = 10
  c12.Caption = "Police " + Polices.TEXT + ",
  ➡" + Str(12)
  c12.Font.Name = Polices.TEXT
  c12.Font.Size = 12
  c15.Caption = "Police " + Polices.TEXT + ",
  ➡" + Str(15)
  c15.Font.Name = Polices.TEXT
  c15.Font.Size = 15
  C20.Caption = "Police " + Polices.TEXT + ",
  ➡" + Str(20)
  C20.Font.Name = Polices.TEXT
  C20.Font.Size = 20
End Sub

Private Sub Quitter_Click()
  End
End Sub
```

Si vous avez téléchargé les programmes sources développés dans cet ouvrage, ce projet se trouve par défaut dans le répertoire **SSM\POLICES**.

Résumé

Ce chapitre vous a montré comment connaître les polices d'écran et d'imprimante installées sur une machine, et comment appliquer ces polices et leurs attributs (gras, italique, souligné, barré) à des contrôles **Label**. La même technique peut être utilisée sur des contrôles **TextBox**.

Chapitre 18

Un bloc-notes MDI

Certaines applications Windows ne peuvent manipuler qu'une seule fenêtre à la fois. C'est le cas de Paintbrush (dans les versions 3.1 ou 3.11 de Windows) ou de son successeur Paint (dans la version 95). D'autres applications, comme le célèbre Word pour Windows, autorisent l'ouverture simultanée de plusieurs documents. Cette possibilité est intéressante à plus d'un titre :

- Elle facilite les copier/coller entre documents.

- Elle permet de voir plusieurs parties d'un même document.

- Elle permet de construire un document en ayant un ou plusieurs autres documents sous les yeux, etc.

Visual Basic 6.0 est capable de générer des applications comportant plusieurs documents. Pour briller en société, vous emploierez l'abréviation MDI à leur sujet. Si quelqu'un vous demande la signification de ces trois lettres, répondez d'un air désolé "Multiple Document Interface"...

Ces applications partagent en général un système de menus, une barre d'outils et/ou une barre d'état. Les fenêtres d'un document sont également appelées **fenêtres enfant** (*child*). La fenêtre de base, qui contient le système de menus, la barre d'outils et la barre d'état est la **fenêtre parent**.

Pour concevoir une application MDI, vous devez au minimum définir une feuille parent et une feuille fille. Chaque document ouvert ou créé dans l'application utilisera la même feuille parent en arrière-plan et une feuille fille personnelle à l'intérieur de la feuille parent.

La fenêtre parent est créée avec la commande **Feuille MDI** du menu **Insertion**. La fenêtre fille est une feuille conventionnelle dont la propriété MDIChild a été initialisée à la valeur True. Dans ce chapitre, vous allez apprendre à définir une fenêtre parent et une fenêtre fille pour réaliser un bloc-notes MDI.

Le but à atteindre

Figure 18.1 : L'application Bloc-notes MDI en mode Exécution.

Comme son nom l'indique, cette application permet de visualiser, modifier et sauvegarder des fichiers texte. Les différents fichiers sont affichés simultanément dans l'espace de travail. Le bouton droit de la souris peut être utilisé pour effectuer des couper/copier/coller entre les différents documents édités.

La fenêtre parent est composée d'un système de menus, d'une barre d'outils et d'une zone de travail dans laquelle seront affichés les documents ouverts.

Figure 18.2 : Le système de menus de l'application.

Le menu **Fichier** permet :

- d'ouvrir et de sauvegarder des fichiers texte,
- de faciliter l'accès aux documents en cours d'édition,
- de quitter l'application.

La commande **Ouvrir** du menu **Fichier** est utilisée pour éditer un nouveau fichier texte. Lorsqu'elle est sélectionnée, la boîte de dialogue commune **Ouvrir** est affichée.

De la même manière, la commande **Sauver** du menu **Fichier** affiche la boîte de dialogue commune **Enregistrer sous,** qui permet de sauvegarder sur disque l'un des fichiers en cours d'édition.

Reportez-vous au Chapitre 12 pour avoir toutes les précisions nécessaires sur l'utilisation des boîtes de dialogue communes.

Le menu **Fenêtre** modifie la disposition des fenêtres ouvertes dans l'espace de travail. En cascade, les fenêtres enfant se chevauchent en laissant apparentes les barres de titre. En mosaïque, les fenêtres enfant sont disposées côte à côte, verticalement.

Figure 18.3 : Ouverture d'un nouveau document texte.

Figure 18.4 : Sauvegarde d'un document en cours d'édition.

Comme le montre le tableau ci-après, les boutons de commande de la barre d'outils reprennent les trois commandes de menu principales :

Bouton	Commande de menu équivalente dans le menu Fichier	Action effectuée
Ouvrir	Ouvrir	Ouverture d'un nouveau document texte
Sauver	Sauver	Sauvegarde du document qui a le focus
Quitter	Quitter	Fin de l'application

Figure 18.5 : Affichage de trois fichiers texte en mosaïque.

Mise en place de la fenêtre parent

La boîte de dialogue parent comporte un système de menus et une barre d'outils.

Sa définition est un peu particulière. Sélectionnez la commande **Nouveau projet** du menu **Fichier**. Une boîte de dialogue intitulée **Form1** est affichée. Choisissez la commande **Supprimer le fichier** du menu **Fichier** pour la supprimer. Sélectionnez enfin la commande **Feuille MDI** du menu **Insertion** pour créer la feuille parent.

Essayez d'ajouter des contrôles conventionnels sur cette feuille (bouton de commande, case à cocher, label, image, etc.). Visual Basic refuse toutes vos tentatives. En effet, une feuille parent MDI ne peut contenir que certains contrôles bien particuliers :

- un système de menus,
- un ou plusieurs contrôles **PictureBox** (zone d'image),

221

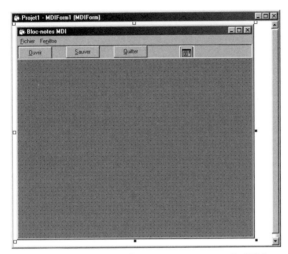

Figure 18.6 : La fenêtre Bloc-notes MDI en mode Edition.

- un ou plusieurs contrôles personnalisés disposant d'une propriété **Align**.

Dans notre exemple, la fenêtre parent comportera un système de menus et une barre d'outils.

Première étape : mise en place du système de menus

Sélectionnez la commande **Créateur de menus** du menu **Outils**, ou appuyez sur **Ctrl+T**. Remplissez la boîte de dialogue **Créateur de menus** comme dans la figure ci-après :

Entrez les mêmes informations dans les zones de texte **Caption** et **Name**, au signe **&** près.

Par exemple, pour la commande **Sauver**, entrez la valeur **&Sauver** dans la zone de texte **Caption** et la valeur **Sauver** dans la zone de texte **Name**. Ces noms sont importants car ils seront repris par la suite, lors de la définition du code de l'application.

Figure 18.7 : Définition du système de menus de la fenêtre parent.

Deuxième étape : mise en place de la barre d'outils

Sélectionnez l'outil **PictureBox** dans la boîte à outils et tracez une zone rectangulaire dans la feuille parent. Cette zone s'aligne automatiquement sur la partie supérieure de la fenêtre. Affichez les propriétés de ce contrôle en appuyant sur **F4**. Comme vous le constatez, la propriété **Align** a pour valeur **Align Top**. Si nécessaire, vous pouvez afficher la barre d'outils dans la partie inférieure gauche ou droite de la fenêtre, en ajustant cette propriété. Dans notre exemple, nous conserverons la valeur par défaut.

Vous allez maintenant placer trois boutons de commande dans cette barre d'outils. Cliquez sur l'icône **CommandButton** dans la boîte à outils et définissez trois boutons de commande, comme dans le tableau suivant :

Bouton	Caption	Name
Premier bouton	&Ouvrir	bOuvrir
Deuxième bouton		&Sauver
Troisième bouton		&Quitter

223

Figure 18.8 : Par défaut, la propriété Align d'un contrôle PictureBox a pour valeur Align Top dans une feuille parent.

Troisième étape : ajout d'un contrôle CommonDialog

Pour pouvoir accéder aux boîtes de dialogue communes, vous devez ajouter un contrôle **CommonDialog** dans la fenêtre parent. Cliquez sur l'icône **CommonDialog** dans la boîte à outils et placez le contrôle dans la barre d'outils. Toute autre destination sera refusée : un contrôle **CommonDialog** ne possède pas de propriété Align. Il est donc impossible de le placer sur la zone de travail de la fenêtre parent. Donnez le nom **CMD** (propriété Name) à ce contrôle.

Pour terminer, affectez la valeur **Bloc-notes MDI** à la propriété Caption et vérifiez que la propriété Name contient la valeur MDIForm1.

Après ces étapes, la boîte de dialogue parent est totalement définie. Sauvegardez-la sous le nom **BNOTES.FRM**.

Mise en place de la fenêtre fille

La fenêtre fille est une feuille très simple qui comporte un seul contrôle **TextBox**.

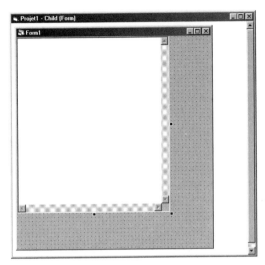

Figure 18.9 : La boîte de dialogue fille.

Pour la définir, choisissez la commande **Feuille** du menu **Insertion**. Une feuille intitulée **Form1** est affichée ; placez-y un contrôle **Text-Box**. Affichez les propriétés de ce contrôle et modifiez-les comme suit :

Propriété	Valeur
MultiLine	True
ScrollBars	3 - Both

Pour que cette feuille soit considérée comme une fenêtre fille du Bloc-notes MDI, initialisez à True sa propriété MDIChild. Pour terminer, donnez le nom **Child** à la fenêtre fille (propriété Name).

Sauvegardez la feuille sous le nom **CHILD.FRM**.

Définition des procédures de traitement

Vous allez maintenant attacher des lignes de code aux commandes de menu et aux boutons de la barre d'outils pour rendre l'application opérationnelle.

Avant toute chose, définissez la variable FenDoc :

```
Dim FenDoc As Form
```

Cette instruction doit être placée dans la section **déclarations** du code. Sélectionnez ou affichez la feuille parent. Appuyez sur **F7** pour faire apparaître la fenêtre de code. Sélectionnez l'objet (Général) et la procédure (déclarations), puis définissez la variable FenDoc comme ci-avant. Par la suite, cette variable sera utilisée pour faire référence aux fenêtres enfant de l'application MDI.

Vous allez maintenant définir la procédure de traitement de la commande **Ouvrir** du menu **Fichier**. Déroulez le menu **Fichier** et sélectionnez la commande **Ouvrir**. La fenêtre de code est immédiatement affichée. Complétez la procédure Ouvrir_Click comme suit :

```
Private Sub Ouvrir_Click()
   ' - - - - - - - - - - - - - - - - - - - - - - - - - - -
   ' Définition des propriétés de la boîte de
     ➥dialogue
   ' - - - - - - - - - - - - - - - - - - - - - - - - - - -
   CMD.DialogTitle = "Choisissez un fichier"
   CMD.CancelError = True
   CMD.Filter = "Textes (*.TXT)¦*.TXT"
   CMD.FilterIndex = 1
   CMD.InitDir = "C:\"

   '
   ' Définition de la routine de traitement des
     ➥erreurs
   ' et affichage de la boîte de dialogue
   '
   On Error GoTo Annuler
   CMD.ShowOpen
```

```
'
' Ouverture du fichier sélectionné
'
Set FenDoc = New Child
FenDoc.Show
FenDoc.Width = 5100
FenDoc.Height = 5900
crlf = Chr$(13) + Chr$(10)
Open CMD.filename For Input As #1
Line Input #1, texte
tout = texte
While Not EOF(1)
  Line Input #1, texte
  tout = tout + crlf + texte
Wend
FenDoc.Text1.TEXT = tout
FenDoc.Caption = CMD.filename
Close #1

Annuler:
  Debug.Print Err
End Sub
```

Les premières instructions définissent les propriétés de la boîte de dialogue commune **Ouvrir**. Rappelez-vous, vous avez donné le nom **CMD** au contrôle CommonDialog lorsque vous l'avez placé dans la fenêtre parent. En initialisant les propriétés DialogTitle, CancelError, Filter, FilterIndex et InitDir, vous définissez les caractéristiques de la boîte de dialogue **Ouvrir** :

```
CMD.DialogTitle = "Choisissez un fichier"
CMD.CancelError = True
CMD.Filter = "Textes (*.TXT)¦*.TXT"
CMD.FilterIndex = 1
CMD.InitDir = "C:\"
```

Pour éviter l'affichage d'un message d'erreur lorsqu'aucun fichier n'est sélectionné dans la boîte de dialogue **Ouvrir**, une routine de traitement des erreurs est mise en place :

```
On Error GoTo Annuler
```

Cette routine est un leurre, car elle provoque le débranchement vers la fin de la procédure :

```
Annuler:
End Sub
```

Visual Basic va tomber dans le panneau ! Si une erreur se produit, elle sera purement et simplement ignorée.

La procédure se poursuit par l'affichage de la boîte de dialogue **Ouvrir** :

```
CMD.ShowOpen
```

Lorsque l'utilisateur choisit un fichier et appuie sur le bouton **OK**, l'affichage du fichier texte doit se faire dans une fenêtre fille de l'application. L'instruction suivante affecte à la variable Form Fen-Doc un objet de type **Child**, c'est-à-dire précisément une fenêtre fille de l'application :

```
Set FenDoc = New Child
```

Pour afficher cette fenêtre, il suffit maintenant d'utiliser la méthode Show :

```
FenDoc.Show
```

A ce stade, la fenêtre est vide, ses dimensions ne sont pas convenables et son titre n'est pas renseigné.

Les deux instructions suivantes modifient la largeur et la hauteur de la fenêtre :

```
FenDoc.Width = 5100
FenDoc.Height = 5900
```

Le bloc d'instructions suivant affecte le contenu du fichier texte à la zone de texte multiligne **Text1**. La variable crlf est utilisée pour stocker les caractères de passage à la ligne volontaires :

```
crlf = Chr$(13) + Chr$(10)
```

Le fichier texte est ouvert en lecture :

```
Open CMD.filename For Input As #1
```

Une boucle utilisant l'instruction `Line Input` parcourt toutes les lignes du fichier et les stocke dans la variable `tout` :

```
Line Input #1, texte
tout = texte
While Not EOF(1)
  Line Input #1, texte
  tout = tout + crlf + texte
Wend
```

Lorsque tout le fichier a été lu, une simple affectation de la variable `tout` à la propriété TEXT du contrôle Text1 provoque l'affichage du texte dans la fenêtre fille :

```
FenDoc.Text1.TEXT = tout
```

Pour terminer, le nom du fichier est affiché dans la barre de titre de la fenêtre fille et le fichier est fermé :

```
FenDoc.Caption = CMD.filename
Close #1
```

Pour souffler un peu, vous allez marquer une pause bien méritée...

Exécutez l'application en appuyant sur **F5**. Vous pouvez utiliser la commande **Ouvrir** du menu **Fichier** pour charger un ou plusieurs fichiers texte.

Certainement encouragé par le résultat de l'exécution, vous voilà prêt à définir les autres procédures de l'application. En mode Création, déroulez le menu **Fichier** et sélectionnez la commande **Sauver**. Complétez la procédure Sauver_Click comme suit :

```
Private Sub Sauver_Click()
  ' - - - - - - - - - - - - - - - - - - - - - - - - -
  ' Définition des propriétés de la boîte de
  ➡dialogue
  ' - - - - - - - - - - - - - - - - - - - - - - - - -
  CMD.DialogTitle = "Enregistrer le fichier sous ..."
  CMD.CancelError = True
  CMD.Filter = "TXT (*.TXT)¦(*.TXT)"
  CMD.FilterIndex = 1
  CMD.InitDir = "C:\"
```

```
'CMD.filename = "Agenda.per"
'
' Définition de la routine de traitement des
   ⮡erreurs
' et affichage de la boîte de dialogue
'
On Error GoTo Annuler
CMD.ShowSave
'
' Sauvegarde du fichier
'
Open CMD.filename For Output As #1
Print #1, FenDoc.Text1.TEXT
Close #1
Annuler:
End Sub
```

Les premières instructions initialisent les propriétés de la boîte de dialogue commune **Enregistrer sous** :

```
CMD.DialogTitle = "Enregistrer le fichier sous ..."
CMD.CancelError = True
CMD.Filter = "TXT (*.TXT)¦(*.TXT)"
CMD.FilterIndex = 1
CMD.InitDir = "C:\"
'CMD.filename = "Agenda.per"
```

Une routine de traitement des erreurs fictive est ensuite déclarée :

```
On Error GoTo Annuler
```

Cette commande évite l'affichage d'un message d'erreur lorsque l'utilisateur referme la boîte de dialogue **Enregistrer sous** sans avoir indiqué le nom de la sauvegarde.

La boîte de dialogue **Enregistrer sous** est totalement définie. Un simple appel à la méthode **ShowSave** l'affiche sur l'écran :

```
CMD.ShowSave
```

Lorsque le nom de la sauvegarde a été choisi, il se trouve dans la propriété filename du contrôle CMD. Ce fichier texte est ouvert en écriture :

```
Open CMD.filename For Output As #1
```

Le texte à sauvegarder se trouve dans la propriété TEXT de la zone de texte **Text1** :

```
Print #1, FenDoc.Text1.TEXT
```

La procédure se termine par la fermeture du fichier texte.

La partie la plus importante du code vient d'être écrite. Courage, il ne reste plus que quelques lignes avant le End final.

Déroulez le menu **Fenêtre** et sélectionnez **Cascade**. Complétez la procédure Cascade_Click comme suit :

```
Private Sub Cascade_Click()
  MDIForm1.Arrange vbCascade
End Sub
```

La méthode Arrange détermine la disposition des fenêtres enfant dans la fenêtre parent. Pour avoir plus de renseignements sur cette méthode, cliquez sur le mot Arrange et appuyez sur F1.

Grâce à la constante vbCascade, toutes les feuilles enfant non réduites seront disposées en cascade.

Vous allez maintenant définir le code permettant de réorganiser les fenêtres enfant en mosaïque. Déroulez le menu **Fenêtre** et sélectionnez la commande **Mosaïque**. Complétez la procédure Mosaïque_Click comme suit :

```
Private Sub Mosaïque_Click()
  MDIForm1.Arrange vbTileVertical
End Sub
```

Vous vous en doutiez, il suffit de communiquer la constante vbTileVertical à la méthode Arrange pour obtenir le résultat recherché. Bien joué !

Nous avons gardé le meilleur pour la fin. Déroulez le menu **Fichier** et sélectionnez la commande **Quitter**. Ajoutez l'instruction End dans la procédure Quitter_Click :

```
Private Sub Quitter_Click()
  End
End Sub
```

Evidemment, cette procédure mettra fin à l'application lorsque la commande **Quitter** du menu **Fichier** sera sélectionnée par l'utilisateur.

Pour terminer, en quelques clics de souris, vous allez mettre en relation les boutons de la barre d'outils et les procédures définies précédemment.

Double-cliquez tout à tour sur les boutons **Ouvrir**, **Sauver** et **Quitter**, et définissez les procédures suivantes :

```
Private Sub bOuvrir_Click()
  Ouvrir_Click
End Sub

Private Sub bSauver_Click()
  Sauver_Click
End Sub

Private Sub bQuitter_Click()
  End
End Sub
```

Les procédures bOuvrir_Click et bSauver_Click se contentent d'appeler les procédures Ouvrir_Click et Sauver_Click correspondantes. Simple, non ?

Un mot pour terminer

Pour faciliter le passage d'une fenêtre fille à une autre, vous avez tout intérêt à placer la liste des documents en cours d'édition à la fin d'un des menus. Affichez la fenêtre parent en mode Edition. Sélectionnez la commande **Créateur de menus** du menu **Outils** ou appuyez sur **Ctrl+E**. Il suffit maintenant de sélectionner le menu dans lequel vous voulez placer la liste des documents, de cocher la case **WindowList** et de valider en appuyant sur le bouton **OK**.

Figure 18.10 : En cochant la case WindowList alors que le menu Fichier est sélectionné, vous ajoutez la liste des documents en cours d'édition à la fin du menu Fichier.

Exécution de l'application

Le bloc-notes MDI est totalement opérationnel. Enregistrez le projet et créez un exécutable en choisissant la commande **Créer un fichier EXE** du menu **Fichier**. Cette application est maintenant totalement autonome.

 A titre d'information, remarquez que le bouton droit de la souris peut être utilisé pour sélectionner/couper/copier/coller des passages dans les documents.

Si vous avez encore un peu de courage, comparez les fonctionnalités de cette application et celles du Bloc-notes de Windows. Ajouter les commandes manquantes ne devraient ni vous poser beaucoup de problèmes ni vous prendre beaucoup de temps.

Si quelque chose ne fonctionne pas, comparez le listing ci-après et le code attaché à la fenêtre parent de votre application. Vous aurez tôt fait de localiser le problème.

```
Dim FenDoc As Form
```

```
Private Sub MQuitter_Click()
  End
End Sub

Private Sub bOuvrir_Click()
  Ouvrir_Click
End Sub

Private Sub bQuitter_Click()
  End
End Sub

Private Sub bSauver_Click()
  Sauver_Click
End Sub

Private Sub Cascade_Click()
  MDIForm1.Arrange vbCascade
End Sub


Private Sub Mosaïque_Click()
  MDIForm1.Arrange vbTileVertical
End Sub

Private Sub Ouvrir_Click()
  ' - - - - - - - - - - - - - - - - - - - - - - - - - - - -
  ' Définition des propriétés de la boîte de
    ➡dialogue
  ' - - - - - - - - - - - - - - - - - - - - - - - - - - - -
  CMD.DialogTitle = "Choisissez un fichier"
  CMD.CancelError = True
  CMD.Filter = "Textes (*.TXT)¦*.TXT"
  CMD.FilterIndex = 1
  CMD.InitDir = "C:\"

  '
  ' Définition de la routine de traitement des
    ➡erreurs
  ' et affichage de la boîte de dialogue
  '
  On Error GoTo Annuler
  CMD.ShowOpen
```

```
    '
    ' Ouverture du fichier sélectionné
    '
    Set FenDoc = New Child
    FenDoc.Show
    FenDoc.Width = 5100
    FenDoc.Height = 5900
    crlf = Chr$(13) + Chr$(10)
    Open CMD.filename For Input As #1
    Line Input #1, texte
    tout = texte
    While Not EOF(1)
      Line Input #1, texte
      tout = tout + crlf + texte
    Wend
    FenDoc.Text1.TEXT = tout
    FenDoc.Caption = CMD.filename
    Close #1


Annuler:
End Sub

Private Sub Quitter_Click()
  End
End Sub

Private Sub Sauver_Click()
  ' - - - - - - - - - - - - - - - - - - - - - - - -
  ' Définition des propriétés de la boîte de
    ➥dialogue
  ' - - - - - - - - - - - - - - - - - - - - - - - -
  CMD.DialogTitle = "Enregistrer le fichier sous ..."
  CMD.CancelError = True
  CMD.Filter = "TXT (*.TXT)¦(*.TXT)"
  CMD.FilterIndex = 1
  CMD.InitDir = "C:\"
  'CMD.filename = "Agenda.per"

  '
  ' Définition de la routine de traitement des
    ➥erreurs
```

```
' et affichage de la boîte de dialogue
'
On Error GoTo Annuler
CMD.ShowSave

'
' Sauvegarde du fichier
'
Open CMD.filename For Output As #1
Print #1, FenDoc.Text1.TEXT
Close #1

Annuler:
End Sub
```

Si vous avez téléchargé les programmes sources développés dans cet ouvrage, ce projet se trouve par défaut dans le répertoire **SSM\MDI**.

Résumé

Ce chapitre vous a montré comment définir une application capable de manipuler plusieurs documents de même type. Vous avez appris à définir l'arrière-plan de l'application dans une fenêtre parent, et le modèle des documents manipulés dans une fenêtre fille.

A présent, vous êtes en mesure de définir une application MDI. Vous savez entre autres :

- Définir une fenêtre parent et un modèle de fenêtre fille

- Utiliser les mots clés **Set** et **New** pour définir une nouvelle fenêtre fille

- Afficher une fenêtre fille avec la méthode **Show**

- Redimensionner une fenêtre fille en modifiant les propriétés **Width** et **Height**

- Accéder aux contrôles des fenêtres enfant

Vous êtes peut-être surpris d'avoir réalisé une application comparable au Bloc-notes de Windows en un peu moins d'une heure. Les applications développées dans les quatrième et cinquième parties du livre seront encore plus impressionnantes. Vous allez apprendre à fabriquer des programmes multimédia, à lire et à écrire dans des bases de données, ou encore à simuler le fonctionnement d'un tableur.

Tournez quelques pages, et vous entrerez dans le domaine magique du multimédia.

Partie 3

Le multimédia

Aujourd'hui, le multimédia fait partie de la vie de tous les jours. Tout programmeur Windows digne de ce nom doit être en mesure d'écrire des applications multimédia. Après la lecture de cette partie, jouer des sons WAV, des fichiers MIDI, des CD audio ou des vidéos AVI vous semblera élémentaire.

Chapitre 19

Jouer des sons WAV

Le but à atteindre

Figure 19.1 : L'application Lecteur WAV en mode Exécution.

Cette application va vous apprendre à utiliser le contrôle MMControl dédié aux périphériques MCI. Vous verrez également comment faire appel aux contrôles DriveListBox, DirListBox et FileListBox pour sélectionner respectivement un disque, un répertoire et un fichier. Ces trois contrôles offrent grossièrement les mêmes possibilités que la boîte de dialogue commune **Ouvrir** (voir Chapitre 11), mais ils diffèrent sur quelques points que vous devez connaître.

En comparant la figure ci-après et la figure précédente, vous constaterez que l'application Lecteur WAV est constituée de :

- huit contrôles visibles : **Label**, **Frame**, **DriveListBox**, **DirListBox**, **FileListBox** et trois **CommandButton**;

- un contrôle invisible **MMControl**.

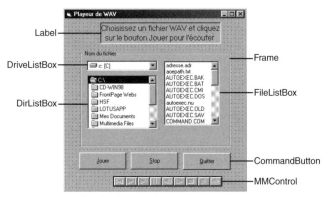

Figure 19.2 : La feuille de l'application Lecteur WAV en mode Edition.

Vous l'avez compris, le but du jeu est de choisir un fichier WAV après avoir sélectionné un disque et un répertoire, et d'appuyer sur le bouton **Jouer** pour l'entendre. Le bouton **Stop** arrête le son et le bouton **Quitter** termine l'application.

Avant de commencer

Quelques mots pour ne pas être dérouté par les contrôles `Drive-ListBox`, `DirListBox` et `FileListBox`. Pour faciliter la lecture, nous appellerons ces trois contrôles `Drive`, `Dir` et `File`.

La propriété `Drive` d'un contrôle `Drive` peut être accédée en lecture ou en écriture. En lecture, elle renvoie le nom du disque sélectionné ; en écriture, elle permet de sélectionner un disque.

La propriété `Path` des contrôles `Dir` et `File` peut également être accédée en lecture ou en écriture. En lecture, elle renvoie le nom du répertoire courant ; en écriture, elle définit le répertoire affiché dans le contrôle `Dir`, ou celui pour lequel les fichiers sont affichés dans le contrôle `File`.

La propriété `Pattern` d'un contrôle `File` renvoie ou définit le filtre appliqué aux fichiers affichés dans le contrôle. Enfin, la propriété `filename` d'un contrôle `File` renvoie le nom du fichier sélectionné dans le contrôle.

Passons maintenant au contrôle `MMControl`. Les deux premières lettres signifient **MultiMédia**. Jusque là, pas de problèmes. Allons un peu plus loin. Un contrôle multimédia gère la lecture et l'enregistrement sur la plupart des périphériques MCI. Ouille, les choses se compliquent ! MCI est une norme qui banalise la communication avec de nombreux périphériques manipulant des sons et des images. Dans la suite, nous nous intéresserons aux périphériques suivants :

Périphérique	Type des fichiers
WaveAudio	Fichiers sonores numérisés WAV
Sequencer	Fichiers musicaux MIDI
CDAudio	Morceaux de musique sur un CD audio
AVIVideo	Films numériques au format AVI

Pour pouvoir communiquer avec un périphérique MCI, vous devez d'abord lui envoyer la commande **Open**. Par la suite, vous utiliserez d'autres commandes, comme **Play**, **Stop**, **Back**, **Step**, **Eject** ou **Record**.

> Avant d'envoyer une commande à un périphérique MCI, vous devez initialiser une ou plusieurs propriétés. Consultez l'aide interactive à la rubrique MCI pour avoir de plus amples renseignements à ce sujet.

Mise en place visuelle de l'application

Avant toute chose, sélectionnez la commande **Nouveau projet** dans le menu **Fichier** pour définir un nouveau projet. Si le contrôle **MMControl** n'est pas disponible, faites un clic droit sur la boîte à outils et sélectionnez **Composants**. Dans la boîte de dialogue **Composants**, cochez la case **Microsoft Multimedia Control 6.0** et validez en appuyant sur le bouton **OK**.

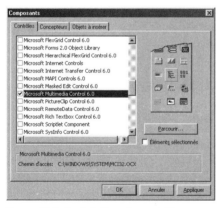

Figure 19.3 : Installation du contrôle personnalisé
Microsoft Multimedia Control dans la boîte à outils.

Vous allez maintenant utiliser les contrôles Label, Frame, Drive-ListBox, DirListBox, FileListBox, CommandButton et MMControl pour obtenir le résultat suivant.

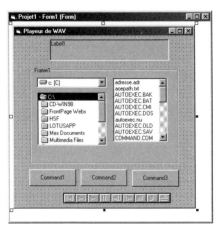

Figure 19.4 : La feuille de l'application après le positionnement des contrôles.

Tous les contrôles sont placés, mais vous devez encore modifier leurs propriétés pour améliorer l'aspect de l'interface et faciliter leur accès dans le code. Le tableau ci-après résume les modifications à apporter.

Contrôle	Propriété	Valeur
Feuille	Caption	Lecteur WAV
Label	Caption	Choisissez un fichier WAV et cliquez sur le bouton Jouer pour l'écouter
Label	Font	MS Sans Serif, Standard, 14
Label	BorderStyle	1-Fixed Single

Contrôle	Propriété	Valeur
Frame	Caption	Nom du fichier
DriveListBox	Name	Drive
DirListBox	Name	Dir
FileListBox	Name	File
Premier bouton	Name	Jouer
Premier bouton	Caption	&Jouer
Deuxième bouton	Name	Stop
Deuxième bouton	Caption	&Stop
Troisième bouton	Name	Quitter
Troisième bouton	Caption	&Quitter
MMControl1	Enabled	False
MMControl1	Visible	False

En initialisant les propriétés Enabled et Visible à False, on masque le contrôle MMControl pendant l'exécution, mais il peut néanmoins être utilisé pour communiquer avec un périphérique MCI.

Si vous modifiez les propriétés des contrôles comme dans le tableau, la feuille doit maintenant ressembler à ceci :

Définition des procédures de traitement

La partie visuelle de l'application est maintenant définie. Nous allons aborder le côté le plus intéressant de l'application. A vos claviers...

Nous procéderons en trois étapes :

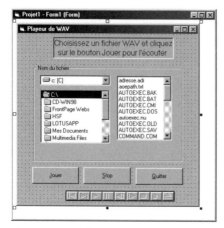

Figure 19.5 : La feuille de l'application en mode Edition.

1. Mise en relation des contrôles **DriveListBox**, **DirListBox** et **FileListBox**

2. Initialisation au lancement de l'application

3. Gestion des boutons de commande

Mise en relation des contrôles DriveListBox, DirListBox et FileListBox

Les contrôles DriveListBox, DirListBox et FileListBox fonctionnent, mais ils ne sont pas reliés entre eux. Par exemple, lorsque vous sélectionnez un disque dans le contrôle DriveListBox, cette information n'est pas exploitée dans les contrôles DirListBox et FileListBox. Nous allons combler cette lacune. Double-cliquez sur le contrôle DriveListBox. Complétez la procédure Drive_Change comme suit :

```
Private Sub Drive_Change()
   '  -  -  -  -  -  -  -  -  -  -  -  -  -  -  -  -  -  -  -  -  -  -  -
   ' Initialisation des contrôles DriveListBox,
   ' DirListBox et FileListBox après la modif.
   ' du disque de recherche
```

247

```
    ' - - - - - - - - - - - - - - - - - - - - - - -
    Dir.Path = Left$(Drive.Drive, 2) +  "\"
    File.Path = Dir.Path
    File.Pattern = "*.wav"
End Sub
```

Cette procédure est exécutée lorsqu'un autre disque est sélectionné dans le contrôle DriveListBox.

La première instruction extrait le nom du disque de la propriété Drive et l'affecte à la propriété Path du contrôle DirListBox :

```
    Dir.Path = Left$(Drive.Drive, 2) +  "\"
```

Cette simple instruction actualise les sous-répertoires affichés en fonction du disque sélectionné.

Cette même chaîne est ensuite affectée à la propriété Path du contrôle DirListBox :

```
    File.Path = Dir.Path
```

De même, cette instruction provoque l'actualisation des fichiers affichés en fonction du disque sélectionné.

La dernière instruction définit le masque d'affichage dans le contrôle FileListBox :

```
    File.Pattern = "*.wav"
```

De la sorte, seuls les fichiers d'extension WAV apparaîtront dans le contrôle.

Nous allons maintenant définir les quelques instructions qui permettront de modifier l'affichage dans le contrôle FileListBox en fonction du répertoire sélectionné. Double-cliquez sur le contrôle DirListBox et complétez la procédure Dir_Change comme suit :

```
Private Sub Dir_Change()
    ' - - - - - - - - - - - - - - - - - - - - - - -
    ' Initialisation du contrôle FileListBox
    ' après la modif. du répertoire de recherche
```

```
   ' - - - - - - - - - - - - - - - - - - - - - - - - - -
   File.Path = Dir.Path
   File.Pattern = "*.wav"
End Sub
```

La première instruction met à jour les fichiers affichés dans le contrôle FileListBox en fonction du répertoire sélectionné :

```
   File.Path = Dir.Path
```

La seconde instruction définit le masque d'affichage de telle sorte que seuls les fichiers WAV apparaissent dans le contrôle FileListBox :

```
   File.Pattern = "*.wav"
```

Initialisation de l'application

Dès le lancement de l'application, un certain nombre d'actions doivent être entreprises. Il faut initialiser :

- les contrôles **DriveListBox**, **DirListBox** et **FileListBox**,

- le périphérique MCI **WaveAudio**.

Double-cliquez sur un endroit non utilisé de la feuille et complétez la procédure Form_Load comme suit :

```
Private Sub Form_Load()
   ' - - - - - - - - - - - - - - - - - - - - - - - - -
   ' Définition du répertoire de départ
   ' - - - - - - - - - - - - - - - - - - - - - - - - -
   Drive.Drive = "c:\"
   Dir.Path = "c:\"
   File.Path = "c:\"
   File.Pattern = "*.wav"


   ' - - - - - - - - - - - - - - - - - - - - - - - - -
   ' Initialisation du périphérique MCI
   ' - - - - - - - - - - - - - - - - - - - - - - - - -
   MMControl1.Notify = False
   MMControl1.Wait = False
   MMControl1.Shareable = False
   MMControl1.DeviceType = "WaveAudio"
End Sub
```

Les quatre premières instructions définissent le disque, le répertoire, le chemin et le filtre des fichiers affichés dans les contrôles Drive-ListBox, DirListBox et FileListBox :

```
Drive.Drive = "c:\"
Dir.Path = "c:\"
File.Path = "c:\"
File.Pattern = "*.wav"
```

De la sorte, l'application affiche toujours les fichiers WAV de la racine du disque **C:**. Bien entendu, vous pouvez modifier ces informations. Par exemple, pour afficher les fichiers WAV du répertoire **C:\WINDOWS**, entrez les instructions suivantes :

```
Drive.Drive = "c:\"
Dir.Path = "c:\windows"
File.Path = "c:\windows"
File.Pattern = "*.wav"
```

Les instructions suivantes initialisent le périphérique MCI **WaveAudio** :

```
MMControl1.Notify = False
MMControl1.Wait = False
MMControl1.Shareable = False
MMControl1.DeviceType = "WaveAudio"
```

 Pour avoir plus d'informations sur les propriétés Notify, Wait et Shareable du contrôle MMControl1, consultez l'aide interactive à la rubrique MCI.

La propriété DeviceType définit le type des données MCI qui vont être manipulées. Les types reconnus par Visual Basic 6.0 sont **AVI-Video**, **CDAudio**, **DAT**, **DigitalVideo**, **MMMovie**, **Overlay**, **Jammer**, **Sequencer**, **VCR**, **VideoDisc** et **WaveAudio**. Dans ce chapitre, nous nous intéresserons aux types **WaveAudio** (fichiers WAV), **Sequencer** (fichiers MIDI), **CDAudio** (fichiers musicaux sur CD) et **AVIVideo** (fichiers AVI).

Gestion des boutons de commande

Pour terminer, nous allons définir les procédures de traitement des trois boutons de commande.

Double-cliquez sur le bouton **Jouer** et insérez les instructions suivantes dans la procédure Jouer_Click :

```
Private Sub Jouer_Click()
  ' - - - - - - - - - - - - - - - - - - - - - - - -
  ' Fin de l'éventuel WAV en cours
  ' - - - - - - - - - - - - - - - - - - - - - - - -
  MMControl1.Command = "Close"
  If Right$(Dir.Path, 1) = "\" Then
    nom = Dir.Path + File.filename
  Else
    nom = Dir.Path + "\" + File.filename
  End If
  MMControl1.filename = nom
  ' - - - - - - - - - - - - - - - - - - - - - - - -
  ' Activation du WAV sélectionné
  ' - - - - - - - - - - - - - - - - - - - - - - - -
  MMControl1.Command = "Open"
  MMControl1.Notify = False
  MMControl1.Wait = False
  MMControl1.Command = "Play"
End Sub
```

Le bouton **Jouer** doit provoquer la lecture du fichier WAV sélectionné dans le contrôle FileListBox. Pour que cette lecture soit possible, il faut s'assurer qu'un autre son n'est pas en cours d'émission. La démarche adoptée ici est assez brutale ; la commande MCI Close arrête instantanément tout son WAV en cours de lecture :

```
MMControl1.Command = "Close"
```

Une petite moulinette définit ensuite le nom du fichier WAV à jouer. La propriété Dir.Path contient le nom du répertoire dans lequel se trouve le fichier, et la propriété File.filename le nom du fichier à jouer. En assemblant ces deux propriétés, il peut être nécessaire d'insérer un antislash (\) séparateur :

```
If Right$(Dir.Path, 1) = "\" Then
  nom = Dir.Path + File.filename
```

```
    Else
      nom = Dir.Path + "\" + File.filename
    End If
```

Le nom du fichier peut maintenant être affecté à la propriété file-name du contrôle MMControl1 :

```
    MMControl1.filename = nom
```

Pour jouer le son, il suffit d'ouvrir le périphérique MCI avec la commande **Open** :

```
    MMControl1.Command = "Open"
```

Après quelques initialisations de rigueur, lancez la commande **Play** :

```
    MMControl1.Notify = False
    MMControl1.Wait = False
    MMControl1.Command = "Play"
```

Simple, non ?

La procédure attachée au bouton **Stop** est élémentaire. A votre avis, quelle commande MCI doit-on utiliser pour arrêter le son en cours ? Un quart de seconde de réflexion et vous répondez sans hésiter "Stop". Et vous avez raison !

Double-cliquez sur le bouton **Stop** et complétez la procédure Stop_Click comme suit :

```
    Private Sub Stop_Click()
      ' - - - - - - - - - - - - - - - - - - - - -
      ' Arrêt du WAV en cours
      ' - - - - - - - - - - - - - - - - - - - - -
      MMControl1.Notify = False
      MMControl1.Wait = True
      MMControl1.Command = "Stop"
    End Sub
```

Les deux premières instructions initialisent les propriétés Notify et Wait (consultez l'aide en ligne à la rubrique **MCI**). La dernière instruction émet la commande MCI **Stop**.

Pour terminer, double-cliquez sur le bouton **Quitter** et complétez la procédure Quitter_Click comme suit :

```
Private Sub Quitter_Click()
    ' - - - - - - - - - - - - - - - - - - - - - -
    ' Fin du WAV et du programme
    ' - - - - - - - - - - - - - - - - - - - - - -
    MMControl1.Notify = False
    MMControl1.Wait = True
    MMControl1.Command = "Close"
    End
End Sub
```

Là encore, les actions effectuées sont élémentaires. Après quelques initialisations, la commande MCI Close est activée :

```
MMControl1.Command = "Close"
```

L'application est alors arrêtée.

Avouez que cette première approche du multimédia est prometteuse. Les commandes MCI sont vraiment simples à utiliser, et, comme vous le constaterez dans les chapitres suivants, elles sont universelles. Seul le nom du périphérique MCI change ; les commandes sont les mêmes.

Exécution de l'application

Vous êtes sûrement impatient de lancer le programme ; appuyez donc sur **F5**. Au départ, il y a de grandes chances pour qu'aucun fichier WAV n'apparaisse dans le contrôle FileListBox. Déplacez-vous dans l'arborescence de vos disques. Jetez, par exemple, un œil du côté de **C:\WINDOWS**. Sélectionnez un fichier WAV, cliquez sur le bouton **Jouer**. Quelle joie ! le programme fonctionne...

Voici le listing complet du fichier WAV.FRM, associé à la feuille Lecteur WAV.

```
Private Sub Dir_Change()
    ' - - - - - - - - - - - - - - - - - - - - - -
    ' Initialisation du contrôle FileListBox
    ' après la modif. du répertoire de recherche
```

```
   ' . . . . . . . . . . . . . . . . . . . .
   File.Path = Dir.Path
   File.Pattern = "*.wav"
End Sub

Private Sub Drive_Change()
   ' . . . . . . . . . . . . . . . . . . . .
   ' Initialisation des contrôles DriveListBox,
   ' DirListBox et FileListBox après la modif.
   ' du disque de recherche
   ' . . . . . . . . . . . . . . . . . . . .
   Dir.Path = Left$(Drive.Drive, 2) + "\"
   File.Path = Dir.Path
   File.Pattern = "*.wav"
End Sub

Private Sub Form_Load()
   ' . . . . . . . . . . . . . . . . . . . .
   ' Définition du répertoire de départ
   ' . . . . . . . . . . . . . . . . . . . .
   Drive.Drive = "c:\"
   Dir.Path = "c:\"
   File.Path = "c:\"
   File.Pattern = "*.wav"

   ' . . . . . . . . . . . . . . . . . . . .
   ' Initialisation du périphérique MCI
   ' . . . . . . . . . . . . . . . . . . . .
   MMControl1.Notify = False
   MMControl1.Wait = False
   MMControl1.Shareable = False
   MMControl1.DeviceType = "WaveAudio"
End Sub

Private Sub Jouer_Click()
   ' . . . . . . . . . . . . . . . . . . . .
   ' Fin de l'éventuel WAV en cours
   ' . . . . . . . . . . . . . . . . . . . .
   'MMControl1.Command = "Close"
   If Right$(Dir.Path, 1) = "\" Then
     nom = Dir.Path + File.filename
   Else
     nom = Dir.Path + "\" + File.filename
```

```
  End If
  MMControl1.filename = nom
  ' - - - - - - - - - - - - - - - - - - - - - - - -
  ' Activation du WAV sélectionné
  ' - - - - - - - - - - - - - - - - - - - - - - - -
  MMControl1.Command = "Open"
  MMControl1.Notify = False
  MMControl1.Wait = False
  MMControl1.Command = "Play"
End Sub

Private Sub Stop_Click()
  ' - - - - - - - - - - - - - - - - - - - - - - - -
  ' Arrêt du WAV en cours
  ' - - - - - - - - - - - - - - - - - - - - - - - -
  MMControl1.Notify = False
  MMControl1.Wait = True
  MMControl1.Command = "Stop"
End Sub

Private Sub Quitter_Click()
  ' - - - - - - - - - - - - - - - - - - - - - - - -
  ' Fin du WAV et du programme
  ' - - - - - - - - - - - - - - - - - - - - - - - -
  MMControl1.Notify = False
  MMControl1.Wait = True
  MMControl1.Command = "Close"
  End
End Sub
```

Si vous avez téléchargé les programmes sources développés dans cet ouvrage, ce projet se trouve par défaut dans le répertoire **SSM\WAV**.

Résumé

Ce chapitre vous a montré comment dialoguer avec un périphérique MCI **WaveAudio**. Vous avez en particulier appris à utiliser les commandes Open, Close, Play et Stop.

Vous avez également fait la connaissance des contrôles DriveList-Box, DirListBox et FileListBox qui permettent de sélectionner disques, répertoires et fichiers, un peu comme le ferait la boîte de dialogue commune **Open** (voir Chapitre 12).

Nous allons maintenant nous intéresser au périphérique Sequencer pour jouer des fichiers MIDI.

Chapitre 20

MIDI à toute heure

Le but à atteindre

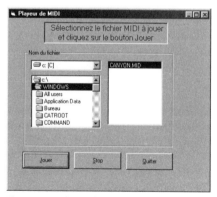

Figure 20.1 : L'application Lecteur MIDI en mode Exécution.

Comme vous pouvez le constater, un air de déjà-vu plane sur cette application. A quelques détails près, l'interface visuelle est la même que celle du lecteur WAV décrit au Chapitre 19.

Ici aussi, nous allons faire appel à un contrôle multimédia MMControl pour dialoguer avec un périphérique multimédia. Cette fois-ci, il s'agira du périphérique **Sequencer** et non plus **WaveAudio**. Comme vous allez le voir, les différences dans le code sont mineures.

Avant de commencer

Il n'est pas certain que ce chapitre vous concerne. Possédez-vous une carte audio capable de manipuler des fichiers MIDI ? Dans l'affirmative, vous pouvez poursuivre la lecture. Dans le cas contraire, essayez de tirer le meilleur prix de votre antique de carte audio, et courez chez le revendeur du coin pour acheter quelque chose de décent, par exemple une Sound Blaster 16. Soyez sûr que nous n'avons aucun lien avec la société Creative Labs, qui distribue les cartes Sound Blaster, mais il faut l'avouer, dans ce domaine, les Sound Blaster sont vraiment une référence.

Vous êtes enfin équipé MIDI ? Alors poursuivons.

Pour tous ceux qui se demandent ce qui se cache sous ce sigle qui n'a, *a priori*, pas grand-chose de musical, sachez que MIDI est l'abréviation anglaise de "*Musical Instruments Digital Interface*" ; soit, après traduction, "Interface numérique pour instruments de musique". Si votre ordinateur est équipé d'une carte MIDI, vous pourrez lui relier toutes sortes d'instruments compatibles avec ce standard : clavier maître, expander, synthétiseur, boîte à rythmes, etc. Mais rassurez-vous, même sans instruments MIDI, vous pouvez jouer et concevoir des morceaux MIDI en utilisant un séquenceur, qui n'est rien d'autre qu'une application dédiée à la conception et à l'arrangement de morceaux MIDI. Sans en arriver là, sachez que de nombreux morceaux MIDI sont disponibles dans le domaine du shareware. Nous allons définir une petite application qui vous permettra de les écouter en musique de fond.

Mise en place visuelle de l'application

Définissez un nouveau projet en sélectionnant la commande **Nouveau projet** dans le menu **Fichier**. Si le contrôle **MMControl** n'apparaît pas dans la boîte de dialogue, choisissez la commande **Contrôles personnalisés** du menu **Outils** ou appuyez sur **Ctrl+E**. Dans la boîte de dialogue **Contrôles personnalisés**, cochez la case **Microsoft Multimedia Control** et validez en appuyant sur le bouton **OK**.

Vous allez maintenant utiliser les contrôles Label, Frame, Drive-ListBox, DirListBox, FileListBox, CommandButton et MMControl pour obtenir le résultat suivant.

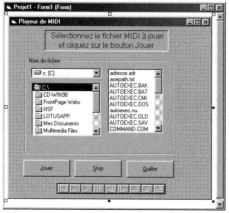

Figure 20.2 : La feuille de l'application en mode Edition.

Pour parvenir à ce résultat, et pour faciliter l'accès aux contrôles dans le code, modifiez leurs propriétés comme indiqué dans le tableau ci-après.

Contrôle	Propriété	Valeur
Feuille	Caption	Lecteur MIDI
Label	Caption	Choisissez le fichier MIDI à jouer et cliquez sur le bouton Jouer
Label	Font	MS Sans Serif, Standard, 14
Label	BorderStyle	1-Fixed Single
Frame	Caption	Nom du fichier
DriveListBox	Name	Drive
DirListBox	Name	Dir
FileListBox	Name	File
Premier bouton	Name	Jouer
Premier bouton	Caption	&Jouer
Deuxième bouton	Name	Stop
Deuxième bouton	Caption	&Stop
Troisième bouton	Name	Quitter
Troisième bouton	Caption	&Quitter
MMControl1	Enabled	False
MMControl1	Visible	False

Définition des procédures de traitement

Les procédures attachées à l'application Lecteur MIDI sont très proches de celles de l'application Lecteur WAV. Ici aussi, nous distinguerons :

- les procédures permettant de gérer les contrôles **DriveListBox**, **DirListBox** et **FileListBox,**

- la procédure d'initialisation exécutée au lancement de l'application,

- les procédures attachées aux boutons de commande.

Mise en relation des contrôles DriveListBox, DirListBox et FileListBox

Double-cliquez sur le contrôle DriveListBox et complétez la procédure Drive_Change comme suit :

```
Private Sub Drive_Change()
    ' - - - - - - - - - - - - - - - - - - - - - - - - -
    ' Initialisation des contrôles DriveListBox,
    ' DirListBox et FileListBox après la modif.
    ' du disque de recherche
    ' - - - - - - - - - - - - - - - - - - - - - - - - -
    Dir.Path = Left$(Drive.Drive, 2) +  "\"
    File.Path = Dir.Path
    File.Pattern = "*.mid"
End Sub
```

Les deux premières instructions relient le disque de recherche aux contrôles DirListBox et FileListBox. De la sorte, les données affichées dans les trois contrôles du cadre **Nom du fichier** seront cohérentes et feront référence à la racine du disque **C:** :

```
Dir.Path = Left$(Drive.Drive, 2) +  "\"
File.Path = Dir.Path
```

La troisième instruction définit un filtre afin que seuls les fichiers d'extension .MID apparaissent dans le contrôle FileListBox.

```
File.Pattern = "*.mid"
```

Vous allez maintenant relier les contrôles DirListBox et File-
ListBox. Double-cliquez sur le contrôle DirListBox et définissez
les instructions suivantes :

```
Private Sub Dir_Change()
    ' - - - - - - - - - - - - - - - - - - - - - - - - -
    ' Initialisation des contrôles DriveListBox,
    ' DirListBox et FileListBox après la modif.
    ' du répertoire de recherche
    ' - - - - - - - - - - - - - - - - - - - - - - - - -
    File.Path = Dir.Path
    File.Pattern = "*.mid"
End Sub
```

Cette procédure est exécutée lorsque le contenu du contrôle Dir-
ListBox change, c'est-à-dire lorsque l'utilisateur sélectionne un
autre répertoire.

La première instruction fait en sorte que les entrées du contrôle
FileListBox correspondent au répertoire sélectionné dans le
contrôle DirListBox :

```
File.Path = Dir.Path
```

La seconde instruction définit un filtre sur les entrées du contrôle
FileListBox :

```
File.Pattern = "*.mid"
```

Lorsque les procédures Drive_Change et Dir_Change ont été définies, les trois contrôles du cadre **Nom du fichier** sont liés. Toute
modification dans le nom du disque est immédiatement reportée
dans l'arborescence et dans la liste des fichiers. De même, toute
modification dans l'arborescence est immédiatement reportée dans
la liste des fichiers.

Initialisation de l'application

Double-cliquez sur un endroit libre de la feuille pour afficher la procédure Form_Load. Complétez cette procédure comme suit :

```
Private Sub Form_Load()
    ' - - - - - - - - - - - - - - - - - - - - - - - -
```

```
  ' Définition du répertoire de départ
  ' - - - - - - - - - - - - - - - - - - - - - -
  Drive.Drive="c:\"
  Dir.Path = "c:\"
  File.Path = "c:\"
  File.Pattern = "*.mid"

  ' - - - - - - - - - - - - - - - - - - - - - -
  ' Initialisation du périphérique MCI
  ' - - - - - - - - - - - - - - - - - - - - - -
  MMControl1.Notify = False
  MMControl1.Wait = False
  MMControl1.Shareable = False
  MMControl1.DeviceType = "Sequencer"
End Sub
```

Les quatre premières instructions définissent le chemin de recherche par défaut et le modèle des fichiers recherchés. La première instruction s'adresse au contrôle DriveListBox, la seconde au contrôle FileListBox et la troisième au contrôle FileListBox :

```
Drive.Drive="c:\"
Dir.Path = "c:\"
File.Path = "c:\"
```

En affectant la même valeur à ces trois propriétés, vous vous assurez de la cohérence des informations affichées par les trois contrôles.

La dernière instruction définit le modèle des fichiers affichés dans le contrôle FileListBox :

```
File.Pattern = "*.mid"
```

Les instructions suivantes préparent le dialogue avec le périphérique **Sequencer** :

```
...
MMControl1.DeviceType = "Sequencer"
```

Gestion des boutons de commande

La dernière étape va consister à donner vie aux trois boutons de commande.

Double-cliquez sur le bouton **Jouer** et définissez les instructions suivantes :

```
Private Sub Jouer_Click()
    ' - - - - - - - - - - - - - - - - - - - - - - -
    ' Fin de l'éventuel fichier MIDI  en cours
    ' - - - - - - - - - - - - - - - - - - - - - - -
    MMControl1.Command = "Close"
    If Right$(Dir.Path, 1) = "\" Then
      nom = Dir.Path + File.filename
    Else
      nom = Dir.Path + "\" + File.filename
    End If
    MMControl1.filename = nom
    ' - - - - - - - - - - - - - - - - - - - - - - -
    ' Activation du fichier MIDI sélectionné
    ' - - - - - - - - - - - - - - - - - - - - - - -
    MMControl1.Command = "Open"
    MMControl1.Notify = False
    MMControl1.Wait = False
    MMControl1.Command = "Play"
End Sub
```

La première instruction met fin à un éventuel fichier MIDI en cours de lecture :

```
MMControl1.Command = "Close"
```

Les instructions suivantes définissent le nom complet du fichier MIDI à jouer (disque, répertoire et fichier) :

```
If Right$(Dir.Path, 1) = "\" Then
  nom = Dir.Path + File.filename
Else
  nom = Dir.Path + "\" + File.filename
End If
```

La valeur obtenue est affectée à la propriété filename du contrôle multimédia :

```
MMControl1.filename = nom
```

Le périphérique MCI **Sequencer** est prêt à être activé. Il est ouvert :

```
MMControl1.Command = "Open"
```

Puis, une commande Play lui demande de jouer le morceau dont le nom se trouve dans la propriété filename :

```
MMControl1.Notify = False
MMControl1.Wait = False
MMControl1.Command = "Play"
```

Les boutons **Stop** et **Quitter** se contentent d'utiliser les commandes MCI Stop et Close :

```
Private Sub Stop_Click()
  ' - - - - - - - - - - - - - - - - - - - - - - - -
  ' Arrêt de l'AVI en cours
  ' - - - - - - - - - - - - - - - - - - - - - - - -
  MMControl1.Notify = False
  MMControl1.Wait = True
  MMControl1.Command = "Stop"
End Sub

Private Sub Quitter_Click()
  ' - - - - - - - - - - - - - - - - - - - - - - - -
  ' Fin de l'AVI et du programme
  ' - - - - - - - - - - - - - - - - - - - - - - - -
  MMControl1.Notify = False
  MMControl1.Wait = True
  MMControl1.Command = "Close"
  End
End Sub
```

Reportez-vous au Chapitre 19 pour avoir des informations complémentaires sur ces deux procédures.

Exécution de l'application

Appuyez sur **F5**. Pour tester l'application, jouez le fichier **EQUI-NOXE.MID**. Si vous avez téléchargé les programmes sources développés dans cet ouvrage, ce projet se trouve par défaut dans le répertoire **SSM\MIDI**.

Voici le listing complet du fichier MIDI.FRM, associé à la feuille Lecteur MIDI.

```
Private Sub Dir_Change()
  ' - - - - - - - - - - - - - - - - - - - - - - - -
```

```vb
   ' Initialisation des contrôles DriveListBox,
   ' DirListBox et FileListBox après la modif.
   ' du répertoire de recherche
   ' - - - - - - - - - - - - - - - - - - - - - - - -
   File.Path = Dir.Path
   File.Pattern = "*.mid"
End Sub

Private Sub Drive_Change()
   ' - - - - - - - - - - - - - - - - - - - - - - - -
   ' Initialisation des contrôles DriveListBox,
   ' DirListBox et FileListBox après la modif.
   ' du disque de recherche
   ' - - - - - - - - - - - - - - - - - - - - - - - -
   Drive.Drive = "c:\"
   Dir.Path = Left$(Drive.Drive, 2) +   "\"
   File.Path = Dir.Path
   File.Pattern = "*.mid"
End Sub

Private Sub Form_Load()
   ' - - - - - - - - - - - - - - - - - - - - - - - -
   ' Définition du répertoire de départ
   ' - - - - - - - - - - - - - - - - - - - - - - - -
   Dir.Path = "c:\"
   File.Path = "c:\"
   File.Pattern = "*.mid"


   ' - - - - - - - - - - - - - - - - - - - - - - - -
   ' Initialisation du périphérique MCI
   ' - - - - - - - - - - - - - - - - - - - - - - - -
   MMControl1.Notify = False
   MMControl1.Wait = False
   MMControl1.Shareable = False
   MMControl1.DeviceType = "Sequencer"
End Sub

Private Sub Jouer_Click()
   ' - - - - - - - - - - - - - - - - - - - - - - - -
   ' Fin de l'éventuel fichier MIDI  en cours
   ' - - - - - - - - - - - - - - - - - - - - - - - -
   MMControl1.Command = "Close"
   If Right$(Dir.Path, 1) = "\" Then
```

```
   nom = Dir.Path + File.filename
  Else
   nom = Dir.Path + "\" + File.filename
  End If
  MMControl1.filename = nom
  ' - - - - - - - - - - - - - - - - - - - - -
  ' Activation du fichier MIDI sélectionné
  ' - - - - - - - - - - - - - - - - - - - - -
  MMControl1.Command = "Open"
  MMControl1.Notify = False
  MMControl1.Wait = False
  MMControl1.Command = "Play"
End Sub

Private Sub Stop_Click()
  ' - - - - - - - - - - - - - - - - - - - - -
  ' Arrêt de l'AVI en cours
  ' - - - - - - - - - - - - - - - - - - - - -
  MMControl1.Notify = False
  MMControl1.Wait = True
  MMControl1.Command = "Stop"
End Sub

Private Sub Quitter_Click()
  ' - - - - - - - - - - - - - - - - - - - - -
  ' Fin de l'AVI et du programme
  ' - - - - - - - - - - - - - - - - - - - - -
  MMControl1.Notify = False
  MMControl1.Wait = True
  MMControl1.Command = "Close"
  End
End Sub
```

Résumé

Ce chapitre vous a montré comment jouer des fichiers MIDI en utilisant les commandes MCI Open, Close, Play et Stop. Vous avez pu constater l'universalité des commandes MCI. Jouer un son échantillonné WAV ou un fichier MIDI n'est guère différent d'un point de vue MCI.

Nous allons maintenant nous intéresser à un périphérique MCI un peu différent : le CD audio.

Chapitre 21

Travailler en musique

Le but à atteindre

Figure 21.1 : L'application Lecteur de CD audio en mode Exécution.

Elémentaire mais efficace, cette application permet de :

- changer de piste,
- démarrer, effectuer une pause et stopper la lecture du CD audio,
- éjecter le CD.

Le numéro de la piste en cours de lecture est affiché, ainsi que la durée écoulée depuis le début de la piste. Comme vous le verrez par la suite (mais vous vous en doutiez sûrement déjà), le panneau de boutons de commande n'est autre que le contrôle multimédia MMControl de Visual Basic.

Avant de commencer

Un CD audio est un périphérique MCI au même titre qu'un fichier WAV, MID ou AVI. Pour y accéder, il suffit d'insérer un contrôle multimédia MMControl dans la feuille (ou une des feuilles) de l'application, d'initialiser la propriété DeviceType du contrôle MMControl à CDAudio et de commencer à dialoguer poliment. La commande MCI Open équivaut à une poignée de main. Si le contrôle MMControl est visible, les boutons qui le composent sont automatiquement pris en compte, sans qu'aucune ligne de code supplémentaire ne soit nécessaire. Si le contrôle MMControl est caché, comme dans les deux chapitres précédents, vous devez utiliser les commandes MCI (Play, Pause, Stop, Back, etc.) pour dialoguer simplement avec le lecteur de CD. Pour avoir plus de renseignements, consultez l'aide interactive à la rubrique **MCI**.

Mise en place visuelle de l'application

Définissez un nouveau projet à l'aide de la commande **Nouveau projet** du menu **Fichier**. Si le contrôle MMControl n'apparaît pas dans la boîte de dialogue, utilisez la commande **Contrôles personnalisés** du menu **Outils**, ou appuyez sur **Ctrl+E**. Dans la boîte de dialogue **Contrôles personnalisés**, cochez la case **Microsoft Multimedia Control** et validez en appuyant sur le bouton **OK**.

Vous allez utiliser les contrôles MMControl et Label pour obtenir le résultat suivant :

Figure 21.2 : La feuille de l'application Lecteur de CD audio en mode Edition.

Les contrôles n'ont certainement pas l'allure recherchée. Modifiez leurs propriétés d'après le tableau ci-après, et le tour sera joué :

Contrôle	Propriété	Valeur
MMControl	RecordVisible	False
MMControl	StepVisible	False
MMControl	BackVisible	False
Form	Caption	Lecteur de CD audio
Label1	BorderStyle	1-Fixed Single
Label1	BackColor	Black
Label1	Name	Piste
Label1	Caption	vide
Label2	Caption	Durée
Label3	Caption	vide
Label3	Name	HM
Label3	Font	MS Sans Serif, Standard, 18

Définition des procédures de traitement

Si les informations concernant la piste courante et la durée écoulée depuis le début de la piste n'étaient pas affichées, le code serait quasi inexistant, si ce n'est pour l'ouverture et la fermeture du périphérique MCI **CDAudio**.

Comme dans les applications concernant les périphériques **WaveAudio** et **Sequencer**, l'ouverture du périphérique MCI sera réalisée dès le lancement de l'application, grâce à la procédure Form_Load.

Double-cliquez sur un endroit inoccupé de la feuille et complétez la
procédure Form_Load comme suit :

```
Private Sub Form_Load()
    '- - - - - - - - - - - - - - - - - -
    'Préparation du périphérique MCI
    '- - - - - - - - - - - - - - - - - -
    MMControl1.Notify = False
    MMControl1.Wait = False
    MMControl1.Shareable = False
    MMControl1.DeviceType = "CDAudio"
    MMControl1.Command = "Open"
    MMControl1.UpdateInterval = 1000 'Intervalle de
    ➥rafraîchissement
    MMControl1.TimeFormat = 10 'Format Piste, minute
seconde
End Sub
```

Après quelques initialisations, le périphérique **CDAudio** est
ouvert :

```
    MMControl1.Notify = False
    MMControl1.Wait = False
    MMControl1.Shareable = False
    MMControl1.DeviceType = "CDAudio"
    MMControl1.Command = "Open"
```

 **Pour avoir plus d'informations sur les propriétés du
contrôle MMControl, consultez l'aide interactive à la
rubrique MCI, et cliquez sur le lien Propriétés.**

L'instruction suivante détermine le nombre de millisecondes sépa-
rant deux événements StatusUpdate successifs :

```
    MMControl1.UpdateInterval = 1000
```

Toutes les 1000 millisecondes, c'est-à-dire toutes les secondes, la
procédure MMControl1_StatusUpdate sera exécutée. Dans cette procédure, nous définirons les instructions permettant de mettre à jour
l'affichage dans les labels Piste et HM.

La dernière instruction détermine le format horaire à utiliser pour
exprimer les informations relatives à la position dans le CD audio :

```
   MMControl1.TimeFormat = 10 'Format Piste, minute
seconde
```

En consultant l'aide interactive à la rubrique **TimeFormat**, vous apprendrez que le format 10 permet de connaître le numéro de la piste courante ainsi que la position en minutes et en secondes par rapport au début de la piste courante.

La partie la plus importante du code (en volume) se trouve dans la procédure MMControl1_StatusUpdate. Comme nous l'avons dit plus haut, cette procédure est exécutée périodiquement toutes les secondes. Elle doit mettre à jour les labels Piste et HM. L'information de type TimeFormat se trouve dans la propriété Position du contrôle MMControl1 sous forme de variable de quatre octets. Le numéro de la piste se trouve dans l'octet de poids faible. Les deux octets suivants contiennent les minutes et les secondes. Tout le travail va consister à extraire ces informations à l'aide d'opérateurs mathématiques.

Affichez la fenêtre de code en appuyant sur **F7**, et définissez la procédure MMControl1_StatusUpdate :

```
Private Sub MMControl1_StatusUpdate()
   ' - - - - - - - - - - - - - - - - - - - - -
   ' Extraction du numéro
   ' de piste et du temps écoulé depuis
   ' le début du morceau
   ' - - - - - - - - - - - - - - - - - - - - -
   smp = MMControl1.Position Mod 16777216
   s = smp \ 65536 'Secondes
   m = (smp - s * 65536) \ 256 'Minutes
   p = smp - s * 65536 - m * 256 'Piste courante

   ' - - - - - - - - - - - - - - - - - - - - -
   ' Affichage du numéro de la piste courante
   ' - - - - - - - - - - - - - - - - - - - - -
   Piste.Caption = " Piste " + Str(p)

   ' - - - - - - - - - - - - - - - - - - - - -
   ' Ajustage du temps :
   ' minutes et secondes sur 2 digits
```

```
'  .  .  .  .  .  .  .  .  .  .  .  .  .  .  .  .  .  .  .
If Len(Str$(m)) = 2 Then
   Stm = "0" + Str$(m)
Else
   Stm = Str$(m)
End If
If Len(Str$(s)) = 2 Then
   Sts = "0" + Str$(s)
Else
   Sts = Str$(s)
End If

'  .  .  .  .  .  .  .  .  .  .  .  .  .  .  .  .  .  .  .
' Affichage du temps écoulé
'  .  .  .  .  .  .  .  .  .  .  .  .  .  .  .  .  .  .  .
HM.Caption = Stm + " :" +  Sts
End Sub
```

La première instruction peut paraître assez déroutante :

```
smp = MMControl1.Position Mod 16777216
```

Elle lit la propriété `Position` du contrôle `MMControl`, isole les 3 octets de poids inférieur en effectuant un module (`Mod`) et stocke le résultat de l'opération dans la variable `smp` (seconde, minute, piste).

Chaque octet est ensuite isolé dans une variable pour faciliter les manipulations :

```
s = smp \ 65536 'Secondes
m = (smp - s * 65536) \ 256 'Minutes
p = smp - s * 65536 - m * 256 'Piste courante
```

La procédure se poursuit par l'affectation du numéro de piste au label `Piste` :

```
Piste.Caption = " Piste " + Str(p)
```

Le bloc d'instructions suivant convertit les variables s et m de telle sorte qu'elles comportent toujours deux chiffres (pour faire plus pro !) :

```
If Len(Str$(m)) = 2 Then
   Stm = "0" + Str$(m)
```

```
   Else
     Stm = Str$(m)
   End If
   If Len(Str$(s)) = 2 Then
     Sts = "0" + Str$(s)
   Else
     Sts = Str$(s)
   End If
```

Après conversion, il suffit d'affecter le contenu des variables Stm et Sts à la propriété Caption du contrôle HM pour afficher le temps écoulé depuis le début de la piste :

```
   HM.Caption = Stm + " :" +  Sts
```

Pour terminer, vous allez définir la procédure MMControl1_EjectClick. Le très explicite EjectClick laisse supposer (à raison) que cette procédure est exécutée lorsque l'utilisateur appuie sur le bouton **Eject** du contrôle MMControl.

Affichez la fenêtre de code en appuyant sur **F7**, et définissez la procédure MMControl1_EjectClick :

```
   Private Sub MMControl1_EjectClick(Cancel As
   Integer)
     ' - - - - - - - - - - - - - - - - - - - -
     ' Fermeture du périphérique MCI
     ' - - - - - - - - - - - - - - - - - - - -
     MMControl1.Command = "Eject"
     MMControl1.Command = "Close"
     End
   End Sub
```

La première commande demande l'éjection du CD audio :

```
   MMControl1.Command = "Eject"
```

La seconde ferme le périphérique MCI :

```
   MMControl1.Command = "Close"
```

La troisième met fin à l'application :

```
   End
```

Simple, non ?

Exécution de l'application

Appuyez sur **F5**. Insérez un CD audio dans le lecteur. Quelques instants plus tard, les trois premiers boutons du contrôle MMControl deviennent accessibles. Appuyez sur le bouton de lecture et savourez. L'application peut être repliée ou fermée pour vous permettre de travailler en musique. Cliquez sur les boutons **piste suivante** et **piste précédente**, juste pour vérifier que les informations concernant la piste courante et le temps écoulé sont cohérentes.

Voici le listing complet du fichier CDAUDIO.FRM, associé à la feuille Lecteur de CD audio.

```
Private Sub Form_Load()
   ' - - - - - - - - - - - - - - - - - - -
   'Préparation du périphérique MCI
   ' - - - - - - - - - - - - - - - - - - -
   MMControl1.Notify = False
   MMControl1.Wait = False
   MMControl1.Shareable = False
   MMControl1.DeviceType = "CDAudio"
   MMControl1.Command = "Open"
   MMControl1.UpdateInterval = 1000 'Intervalle de
   ➥rafraîchissement
   MMControl1.TimeFormat = 10 'Format Piste, minute
seconde
End Sub

Private Sub MMControl1_EjectClick(Cancel As
Integer)
   ' - - - - - - - - - - - - - - - - - - -
   ' Fermeture du périphérique MCI
   ' - - - - - - - - - - - - - - - - - - -
   MMControl1.Command = "Eject"
   MMControl1.Command = "Close"
   End
End Sub

Private Sub MMControl1_StatusUpdate()
   ' - - - - - - - - - - - - - - - - - - - - -
   ' Extraction du numéro
   ' de piste et du temps écoulé depuis
```

```
' le début du morceau
'  - - - - - - - - - - - - - - - - - - - - -
smp = MMControl1.Position Mod 16777216
s = smp \ 65536 'Secondes
m = (smp - s * 65536) \ 256 'Minutes
p = smp - s * 65536 - m * 256 'Piste courante

'  - - - - - - - - - - - - - - - - - - - - -
' Affichage du numéro de la piste courante
'  - - - - - - - - - - - - - - - - - - - - -
Piste.Caption = " Piste " + Str(p)

'  - - - - - - - - - - - - - - - - - - - - -
' Ajustage du temps :
' minutes et secondes sur 2 digits
'  - - - - - - - - - - - - - - - - - - - - -
If Len(Str$(m)) = 2 Then
   Stm = "0" + Str$(m)
Else
   Stm = Str$(m)
End If
If Len(Str$(s)) = 2 Then
   Sts = "0" + Str$(s)
Else
   Sts = Str$(s)
End If

'  - - - - - - - - - - - - - - - - - - - - -
' Affichage du temps écoulé
'  - - - - - - - - - - - - - - - - - - - - -
HM.Caption = Stm + " :" +  Sts
End Sub
```

Si vous avez téléchargé les programmes sources développés dans cet ouvrage, ce projet se trouve par défaut dans le répertoire **SSM\CDAUDIO**.

Résumé

Ce chapitre vous a appris à :

- Utiliser le panneau de boutons du contrôle multimédia **MMControl** pour envoyer des commandes à un lecteur de CD dans lequel est inséré un CD audio

- Initialiser la propriété **UpdateInterval** pour définir la période d'exécution de la procédure **MMControl1_StatusUpdate**

- Utiliser les propriétés **TimeFormat** et **Position** pour connaître la piste courante et le temps écoulé depuis le début de la piste

Nous allons conclure cette partie consacrée au multimédia en vous montrant comment jouer des vidéos au format AVI.

Chapitre 22

AVI

Le but à atteindre

Figure 22.1 : L'application Lecteur AVI en mode Exécution.

L'interface utilisée est la même que celle des applications Lecteur WAV et Lecteur MIDI. Le cadre **Nom du fichier** permet de voyager dans l'arborescence de votre disque dur à la recherche d'un fichier d'extension AVI. Un clic sur le bouton **Jouer** déclenche la lecture du fichier sélectionné. Le bouton **Stop** arrête la vidéo en cours, et le bouton **Quitter** met fin à l'application.

Avant de commencer

AVI est l'abréviation de *Audio Video Interleaved*, audio-vidéo entrelacés.

Interlacer l'audio et la vidéo, cela signifie mettre en relation des images et des sons de telle sorte que le son corresponde parfaitement aux images affichées. C'est là le principal avantage de ce format. Côté inconvénients, le plus important est certainement la taille des fichiers. Selon la dimension des images, le nombre d'images affichées par seconde, la qualité sonore et le type de compression utilisé, il n'est pas rare qu'une seconde d'AVI consomme 150, voire 300 kilo-octets sur le disque. Cela peut sembler énorme, à moins que la vidéo ne soit stockée sur un CD-ROM.

Ce chapitre vous montre comment dialoguer avec le périphérique MCI **AVIVideo** pour lire des fichiers AVI. Vous verrez que cela est aussi simple que s'il s'agissait d'un fichier WAV ou MID.

Mise en place visuelle de l'application

Reportez-vous aux Chapitres 19 et 20 pour définir la feuille de l'application Lecteur AVI. Les contrôles utilisés sont les mêmes, et ils ont les mêmes propriétés, mis à part :

- le label dont la propriété **Caption** doit être initialisée à "Choisissez un fichier AVI et cliquez sur le bouton Jouer pour le visualiser",

- la feuille dont la propriété **Caption** doit être initialisée à "Lecteur AVI".

Définition des procédures de traitement

Le code de l'application est également très proche de celui des lecteurs de WAV et de MIDI :

- Les procédures **Dir_Change** et **Drive_Change** synchronisent les contrôles du cadre **Nom du fichier**.

- La procédure **Form_Load** définit le répertoire de recherche par défaut et initialise le type du périphérique MCI à **AVIVideo**.

- La procédure **Jouer_Click** déclenche la lecture de l'AVI sélectionné dans le cadre **Nom du fichier**.

- La procédure **Stop_Click** arrête l'AVI en cours de lecture.

- La procédure **Quitter_Click** met fin à l'application.

Les différences par rapport au code des lecteurs de WAV et de MIDI concernent :

- L'initialisation de la propriété **Pattern** du contrôle **FileListBox** (procédures **Dir_Change**, **Drive_Change** et **Form_Load**). Cette propriété permet de définir un filtre pour les données affichées dans le contrôle. Les fichiers recherchés ont pour suffixe AVI. Le modèle de recherche sera donc ***.AVI** :

```
File.Pattern = "*.avi"
```

- Le nom du périphérique MCI (procédure **Form_Load**) :

```
MMControl1.DeviceType = "AVIVideo"
```

Exécution de l'application

Avant de lancer l'application, vous devez posséder au moins un fichier AVI. Ce type de fichier est très répandu. Vous en trouverez un grand nombre dans le domaine du shareware ou sur les CD-ROM livrés avec les revues informatiques.

Lancez l'application en appuyant sur **F5**. Sélectionnez le fichier AVI, puis appuyez sur le bouton **Jouer**. La vidéo est affichée dans une fenêtre indépendante. Cliquez sur le bouton **Stop** pour l'arrêter et sur le bouton **Quitter** pour fermer l'application.

Voici le listing complet du fichier AVI.FRM, associé à la feuille Lecteur AVI.

```
Private Sub Dir_Change()
   ' - - - - - - - - - - - - - - - - - - - - - - - - - - - -
   ' Initialisation des contrôles DriveListBox,
   ' DirListBox et FileListBox après la modif.
   ' du répertoire de recherche
   ' - - - - - - - - - - - - - - - - - - - - - - - - - - - -
   File.Path = Dir.Path
   File.Pattern = "*.avi"
End Sub

Private Sub Drive_Change()
   ' - - - - - - - - - - - - - - - - - - - - - - - - - - - -
   ' Initialisation des contrôles DriveListBox,
   ' DirListBox et FileListBox après la modif.
   ' du disque de recherche
   ' - - - - - - - - - - - - - - - - - - - - - - - - - - - -
   Dir.Path = Left$(Drive.Drive, 2) +  "\"
   File.Path = Dir.Path
   File.Pattern = "*.avi"
End Sub

Private Sub Form_Load()
   ' - - - - - - - - - - - - - - - - - - - - - - - - - - - -
   ' Définition du répertoire de départ
   ' - - - - - - - - - - - - - - - - - - - - - - - - - - - -
   Dir.Path = "c:\"
   File.Path = "c:\"
   File.Pattern = "*.avi"

   ' - - - - - - - - - - - - - - - - - - - - - - - - - - - -
   ' Initialisation du périphérique MCI
   ' - - - - - - - - - - - - - - - - - - - - - - - - - - - -
   MMControl1.Notify = False
   MMControl1.Wait = False
   MMControl1.Shareable = False
   MMControl1.DeviceType = "AVIVideo"
End Sub
```

```
Private Sub Jouer_Click()
   ' . . . . . . . . . . . . . . . . . . . . . . .
   ' Fin de l'éventuel AVI en cours
   ' . . . . . . . . . . . . . . . . . . . . . . .
   MMControl1.Command = "Close"
   If Right$(Dir.Path, 1) = "\" Then
     nom = Dir.Path + File.filename
   Else
     nom = Dir.Path + "\" + File.filename
   End If
   MMControl1.filename = nom
   ' . . . . . . . . . . . . . . . . . . . . . . .
   ' Activation de l'AVI sélectionné
   ' . . . . . . . . . . . . . . . . . . . . . . .
   MMControl1.Command = "Open"
   MMControl1.Notify = False
   MMControl1.Wait = False
   MMControl1.Command = "Play"
End Sub

Private Sub Stop_Click()
   ' . . . . . . . . . . . . . . . . . . . . . . .
   ' Arrêt de l'AVI en cours
   ' . . . . . . . . . . . . . . . . . . . . . . .
   MMControl1.Notify = False
   MMControl1.Wait = True
   MMControl1.Command = "Stop"
End Sub

Private Sub Quitter_Click()
   ' . . . . . . . . . . . . . . . . . . . . . . .
   ' Fin de l'AVI et du programme
   ' . . . . . . . . . . . . . . . . . . . . . . .
   MMControl1.Notify = False
   MMControl1.Wait = True
   MMControl1.Command = "Close"
   End
End Sub
```

Si vous avez téléchargé les programmes sources développés dans cet ouvrage, ce projet se trouve par défaut dans le répertoire **SSM\AVI**.

Résumé

Ce chapitre vous a montré comment jouer des fichiers AVI en utilisant les commandes MCI Open, Close, Play et Stop. Le code à mettre en œuvre est d'une simplicité et d'une universalité déconcertantes. A titre d'exercice, regroupez les trois lecteurs dans une seule application.

Partie 4

Pour aller plus loin

Cette partie s'adresse à ceux dont la soif de connaissances n'a pas été étanchée jusqu'ici. Vous y aborderez des sujets réputés (à tort) difficiles. Vous apprendrez à utiliser le contrôle Timer pour exécuter du code à intervalles réguliers, à dialoguer avec un modem, ou encore, à utiliser des informations issues d'une base de données.

Chapitre 23

Le Presse-papiers

Le but à atteindre

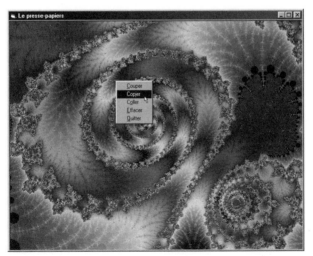

Figure 23.1 : L'application Le Presse-papiers en mode Exécution.

Cette application comporte un contrôle PictureBox et un menu contextuel.

Au lancement de l'application, l'image **C:\COLORWIR.BMP** est affichée dans le contrôle PictureBox. Un clic sur le bouton droit de la souris au-dessus du contrôle PictureBox (c'est-à-dire dans la fenêtre de l'application) affiche un menu contextuel dans lequel l'utilisateur peut choisir les commandes en rapport avec le Presse-papiers : couper, copier et coller. La dernière commande (**Quitter**) met fin à l'application. Elle est équivalente à la case de fermeture, de l'angle supérieur droit de la fenêtre.

Le Presse-papiers étant commun à toutes les applications Windows, il est possible d'échanger des informations entre l'application Le Presse-papiers et une autre application Windows. Cette copie d'écran illustre le passage d'une image BMP depuis Paint vers l'application Presse-papiers.

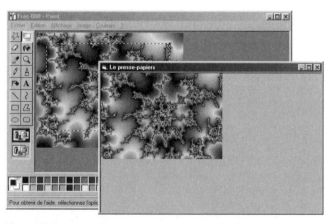

Figure 23.2 :

Une partie de l'image Paint est placée dans le Presse-papiers par la commande **Edition/Copier**. Elle est récupérée dans l'application

Presse-papiers par un clic droit suivi de la sélection **Coller** dans le menu contextuel.

Avant de commencer

Vous utilisez très certainement le Presse-papiers de Windows, ne serait-ce que pour mettre en forme des documents dans votre traitement de texte préféré, ou encore pour dupliquer une partie d'un dessin dans une application graphique. Le Presse-papiers est accessible aux applications Visual Basic à travers plusieurs méthodes de l'objet **ClipBoard**. Dans l'application Le Presse-papiers, nous ferons appel aux méthodes suivantes :

- **Clipboard.GetData** pour lire le contenu du Presse-papiers,
- **Clipboard.SetData** pour écrire dans le Presse-papiers,
- **Clipboard.Clear** pour effacer le contenu du Presse-papiers.

Trois autres méthodes peuvent être utilisées :

- **Clipboard.GetFormat(type)** indique si le Presse-papiers contient un objet du type spécifié.
- **Clipboard.GetText** renvoie la chaîne de texte contenue dans le Presse-papiers.
- **Clipboard.SetText** place une chaîne de texte dans le Presse-papiers.

La méthode Clipboard.GetFormat est utile lorsqu'une application doit manipuler plusieurs types d'objets : textes, images BMP, métafichiers WMF, images DIB, palettes de couleurs, etc.

Les méthodes Clipboard.GetText et Clipboard.SetText sont spécifiques à la manipulation de texte.

Pour avoir de plus amples informations sur ces méthodes, consultez l'aide interactive à la rubrique Clipboard puis appuyez sur le lien Méthodes.

Avant de vous lancer tête baissée dans la réalisation de l'application, vous devez encore connaître deux détails importants.

1. La fonction **LoadPicture** permet d'affecter une image à un contrôle **PictureBox** (entre autres). Le nom de l'image est placé entre guillemets et entre parenthèses à la suite du mot clé.

   Par exemple, l'instruction suivante donne accès au fichier BMP **C:\COLORWIR.BMP** :

   ```
   LoadPicture("C:\COLORWIR.BMP")
   ```

2. La propriété **ActiveControl** de l'objet **Screen** renvoie l'identificateur du contrôle qui a le focus. En d'autre termes, dans cette application, l'expression **Screen.ActiveControl** contient une référence vers l'objet **PictureBox**.

Par exemple, avec une instruction du type :

```
Screen.ActiveControl = LoadPicture("")
```

le contenu du contrôle PictureBox est effacé.

Mise en place visuelle de l'application

Pour définir l'interface de l'application, vous suivrez les deux étapes décrites ci-après. Avant de commencer, sélectionnez la commande **Nouveau projet** dans le menu **Fichier** pour définir un nouveau projet.

Première étape : mise en place du contrôle PictureBox

Sélectionnez l'icône PictureBox dans la boîte à outils. Tracez une zone rectangulaire sur la totalité de la feuille. Appuyez sur F4 pour faire apparaître la fenêtre des propriétés. Cliquez sur la propriété Picture et affectez-lui la valeur C:\COLORWIR.BMP. De la sorte, l'image COLORWIR.BMP sera affichée dans le contrôle PictureBox dès le lancement de l'application.

Deuxième étape : définition du menu contextuel

Sélectionnez la commande **Créateur de menus** dans le menu
Outils, ou appuyez sur **Ctrl+T**. Définissez le menu **Edition** et les
commandes **Couper**, **Copier**, **Coller**, **Effacer** et **Quitter**, comme le
montre la copie d'écran ci-après. Les propriétés Name et Caption
sont identiques, mis à part le signe **&** pour chaque commande de
menu.

**Figure 23.3 : La boîte de dialogue Créateur
de menus totalement paramétrée.**

Remarque

Lorsque le menu **Edition** est sélectionné, la case **Visible** est déco-
chée. De la sorte, le menu **Edition** n'est pas visible en permanence :
il s'agit d'un menu contextuel. Comme nous le verrons par la suite,
son apparition sera associée au clic sur le bouton droit de la souris.

Définition des procédures de traitement

Pour donner vie à l'application, nous allons définir six procédures,
répertoriées dans le tableau ci-après :

Procédure	Fonction
`Image1_MouseDown`	Affichage du menu contextuel suite à un clic droit sur le contrôle `ImageBox`
`Couper_Click`	Copie de l'image courante dans le Presse-papiers et effacement
`Copier_Click`	Copie de l'image courante dans le Presse-papiers
`Coller_Click`	Collage du contenu du Presse-papiers dans le contrôle `PictureBox`
`Effacer_Click`	Effacement du contrôle `PictureBox`
`Quitter_Click`	Fin de l'application

Sélectionnez la commande **Code** dans le menu **Affichage**, ou appuyez sur **F7**, pour afficher la fenêtre de code. Sélectionnez l'objet `Image1` et la procédure `MouseDown`. Complétez la procédure `Image1_MouseDown` comme suit :

```
Private Sub Image1_MouseDown(Index As Integer,
Button As Integer, Shift As Integer, X As Single, Y
As Single)
    ' - - - - - - - - - - - - - - - - - - - - - - - -
    ' Si le bouton gauche est cliqué, le menu
    ' contextuel Edition est affiché
    ' - - - - - - - - - - - - - - - - - - - - - - - -
    If Button = 2 Then
        PopupMenu Edition
    End If
End Sub
```

Cette procédure est activée lorsque l'utilisateur clique sur l'un des boutons de la souris. La variable `Button` indique quel(s) bouton(s) a(ont) été pressé(s). La valeur 1 correspond au bouton gauche, la valeur 2 au bouton droit, et la valeur 4 au bouton central. Si deux boutons sont pressés simultanément, la valeur renvoyée est la somme des valeurs des deux boutons.

Dans le cas présent, seul le bouton gauche nous intéresse. S'il est pressé :

```
If Button = 2 Then
```

le menu contextuel **Edition** doit être affiché :

```
PopupMenu Edition
```

Vous pouvez lancer l'application en appuyant sur **F5**. L'image **COLORWIR.BMP** est affichée. Faites un clic droit sur le contrôle PictureBox. Le menu contextuel apparaît, mais aucune de ses commandes n'est encore opérationnelle.

Dans la fenêtre de code, sélectionnez l'objet Couper et l'événement Click. Ce dernier se produit lorsque l'utilisateur sélectionne la commande **Couper** dans le menu contextuel. Le contenu du contrôle PictureBox doit être placé dans le Presse-papiers et effacé de l'application.

Complétez la procédure comme suit :

```
Private Sub Couper_Click()
    ' - - - - - - - - - - - - - - - - - - - - - - - - - - -
    ' Le contenu du contrôle PictureBox est copié
    ' dans le Presse-papiers
    ' - - - - - - - - - - - - - - - - - - - - - - - - - - -
    Clipboard.Clear
    Clipboard.SetData Screen.ActiveControl
    ' - - - - - - - - - - - - - - - - - - - - - - - - - - -
    ' Le contenu du contrôle PictureBox est effacé
    ' - - - - - - - - - - - - - - - - - - - - - - - - - - -
    Screen.ActiveControl = LoadPicture("")
End Sub
```

La première instruction efface l'éventuel contenu du Presse-papiers à l'aide de la méthode Clear :

```
Clipboard.Clear
```

La seconde instruction place le contenu du contrôle PictureBox (Screen.ActiveControl) dans le Presse-papiers (Clipboard. SetData). Ce contrôle est forcément actif puisque l'utilisateur vient de cliquer dessus pour faire apparaître le menu contextuel. Il n'y a donc aucun test à effectuer à ce niveau :

```
Clipboard.SetData Screen.ActiveControl
```

Enfin, la troisième instruction efface le contenu du contrôle actif, c'est-à-dire l'image `PictureBox` :

```
Screen.ActiveControl = LoadPicture("")
```

Les procédures `Copier_Click` et `Coller_Click` utilisent le même genre d'instructions.

Sélectionnez l'objet `Copier` et l'événement `Click` et complétez la procédure `Copier_Click` comme suit :

```
Private Sub Copier_Click()
    ' - - - - - - - - - - - - - - - - - - - - - - - - - -
    ' Le contenu du contrôle PictureBox est copié
    ' dans le Presse-papiers
    ' - - - - - - - - - - - - - - - - - - - - - - - - - -
    Clipboard.Clear
    Clipboard.SetData Screen.ActiveControl
End Sub
```

La première instruction efface le contenu du Presse-papiers :

```
Clipboard.Clear
```

La seconde copie le contenu du contrôle `PictureBox` dans le Presse-papiers :

```
Clipboard.SetData Screen.ActiveControl
```

Sélectionnez maintenant l'objet `Coller` et l'événement `Click`. Complétez la procédure `Coller_Click` comme suit :

```
Private Sub Coller_Click()
    ' - - - - - - - - - - - - - - - - - - - - - - - - - -
    ' Le contenu du Presse-papiers est collé dans le
    ' contrôle PictureBox
    ' - - - - - - - - - - - - - - - - - - - - - - - - - -
    Screen.ActiveControl = Clipboard.GetData()
End Sub
```

Une seule instruction suffit à placer le contenu du Presse-papiers dans le contrôle PictureBox actif.

Encore un petit effort : plus que deux procédures avant la fin.

Sélectionnez l'objet Effacer et l'événement Click. Complétez la procédure Effacer_Click comme suit :

```
Private Sub Effacer_Click()
  ' - - - - - - - - - - - - - - - - - - - - - - - -
  ' Le contenu du contrôle PictureBox est effacé
  ' - - - - - - - - - - - - - - - - - - - - - - - -
  Screen.ActiveControl = LoadPicture("")
End Sub
```

Cette procédure doit effacer le contenu du contrôle PictureBox. Pour cela, elle lui affecte une image vide :

```
  Screen.ActiveControl = LoadPicture("")
```

Sélectionnez enfin l'objet Quitter et l'événement Click. Pour mettre fin à l'application lorsque l'utilisateur sélectionne **Quitter** dans le menu contextuel, tapez simplement l'instruction End dans la procédure Quitter_Click :

```
Private Sub Quitter_Click()
  ' - - - - - - - - - - - - - - - - - - - - - - - -
  ' Fin de l'application
  ' - - - - - - - - - - - - - - - - - - - - - - - -
  End
End Sub
```

Exécution de l'application

Le programme peut être exécuté. Appuyez sur **F5**. Essayez les commandes **Couper**, **Copier**, **Coller** et **Effacer** en interne et avec d'autres applications graphiques, comme Paint par exemple. Avouez que l'utilisation du Presse-papiers est vraiment élémentaire.

 Si vous désirez poursuivre votre apprentissage sur le Presse-papiers, consultez l'aide interactive à la rubrique Clipboard et aux rubriques qui en découlent.

Voici le listing complet du fichier PRESPAP.FRM, associé à la
feuille Le Presse-papiers.

```
Private Sub Coller_Click()
   ' - - - - - - - - - - - - - - - - - - - - - - - - - - -
   ' Le contenu du Presse-papiers est collé dans le
   ' contrôle PictureBox
   ' - - - - - - - - - - - - - - - - - - - - - - - - - - -
   Screen.ActiveControl.Picture =
Clipboard.GetData()
End Sub

Private Sub Copier_Click()
   ' - - - - - - - - - - - - - - - - - - - - - - - - - -
   ' Le contenu du contrôle PictureBox est copié
   ' dans le Presse-papiers
   ' - - - - - - - - - - - - - - - - - - - - - - - - - -
   Clipboard.Clear
   Clipboard.SetData Screen.ActiveControl.Image
End Sub

Private Sub Couper_Click()
   ' - - - - - - - - - - - - - - - - - - - - - - - - - -
   ' Le contenu du contrôle PictureBox est copié
   ' dans le Presse-papiers
   ' - - - - - - - - - - - - - - - - - - - - - - - - - -
   Clipboard.Clear
   Clipboard.SetData Screen.ActiveControl.Image
   ' - - - - - - - - - - - - - - - - - - - - - - - - - -
   ' Le contenu du contrôle PictureBox est effacé
   ' - - - - - - - - - - - - - - - - - - - - - - - - - -
   Screen.ActiveControl.Picture = LoadPicture("")
End Sub

Private Sub Effacer_Click()
   ' - - - - - - - - - - - - - - - - - - - - - - - - - -
   ' Le contenu du contrôle PictureBox est effacé
   ' - - - - - - - - - - - - - - - - - - - - - - - - - -
   Screen.ActiveControl.Picture = LoadPicture("")
End Sub

Private Sub Image1_MouseDown(Index As Integer,
Button As Integer, Shift As Integer, X As Single, Y
```

```
  As Single)
    ' - - - - - - - - - - - - - - - - - - - - - - - - - - -
    ' Si le bouton gauche est cliqué, le menu
    ' contextuel Edition est affiché
    ' - - - - - - - - - - - - - - - - - - - - - - - - - - -
    If Button = 2 Then
      PopupMenu Edition
    End If
End Sub

Private Sub Quitter_Click()
    ' - - - - - - - - - - - - - - - - - - - - - - - - - - -
    ' Fin de l'application
    ' - - - - - - - - - - - - - - - - - - - - - - - - - - -
    End
End Sub
```

Résumé

Ce chapitre vous a montré comment utiliser l'objet `ClipBoard` pour communiquer avec le Presse-papiers de Windows. Vous avez appris à utiliser les méthodes `Clear`, `GetData` et `SetData` pour (respectivement) effacer le Presse-papiers, lire son contenu et y placer un objet. Enfin, vous avez réappris (vous aviez peut-être oublié...) à définir un menu contextuel en décochant la case Visible du menu principal.

Chapitre 24

Une horloge maison

Le but à atteindre

Figure 24.1 : L'application Horloge en mode Exécution.

Cette application comporte un contrôle Image et un contrôle Timer.

La barre de titre se limite au titre de l'application et à la case de fermeture.

Toutes les minutes, l'heure système est lue et les aiguilles de l'horloge sont mises à jour.

Les commandes de l'utilisateur sont très limitées : la fenêtre de l'application peut être déplacée à l'aide de la technique habituelle et fermée par un clic sur la case de fermeture.

Avant de commencer

 Le contrôle `Timer` permet d'exécuter une ou plusieurs instructions à intervalles réguliers. Il n'est jamais visible en mode Exécution, mais sa présence est obligatoire dans la feuille si vous voulez exécuter un code à intervalles réguliers. La durée de l'intervalle est choisie à l'aide de la propriété `Interval` ou de l'instruction `Timer1.Interval = période`. Dans cet exemple, le timer a pour nom `Timer1` et la valeur `période` définit la période d'activation de la procédure `Timer1_Timer` en millisecondes. Si nécessaire, vous pouvez placer plusieurs timers sur une feuille. Dans ce cas, Visual Basic leur donnera le nom Timer2, Timer3, etc. Pour définir la période du timer 3, vous utiliserez sa propriété `Interval` ou l'instruction `Timer3.Interval = période`. La procédure `Timer3_Timer` sera exécutée répétitivement en respectant un intervalle `période` entre chaque éxécution.

Sachez enfin que la propriété `Enabled` règle le fonctionnement ou la mise en veille d'un contrôle `Timer`. La valeur `True` rend le contrôle actif, et la valeur `False` le plonge dans un profond sommeil.

Mise en place visuelle de l'application

Sélectionnez la commande **Nouveau projet** dans le menu **Fichier**. Sélectionnez l'icône **Image** dans la boîte à outils et tracez une zone rectangulaire sur la feuille. Modifiez les propriétés de ce contrôle comme suit :

Propriété	Valeur
BorderStyle	0 - None
Picture	HORLOGE.BMP(*)
Left	19
Top	1

Une horloge maison

Si vous avez téléchargé les programmes sources développés dans cet ouvrage, ce projet se trouve par défaut dans le répertoire **SSM\HORLOGE**.

Pour que l'horloge puisse fonctionner, vous allez maintenant insérer un contrôle Timer dans la feuille. Cliquez sur l'icône Timer dans la boîte à outils et tracez une zone rectangulaire sur la feuille.

Cliquez maintenant sur un endroit inoccupé de la feuille et modifiez les propriétés comme suit :

Propriété	Valeur
Appearance	0 - Flat
BorderStyle	Fixed Dialog
Caption	Horloge
Height	1260
Left	0
MaxButton	False
MinButton	False
Top	1500
Width	1680

La feuille de l'application doit maintenant ressembler à ceci :

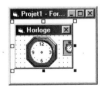

Figure 24.2 : La feuille de l'application Horloge en mode Edition.

301

Définition des procédures de traitement

Pour donner vie à l'horloge, nous allons définir la procédure
Timer1_Timer, et initialiser la propriété Timer1.Interval à
60 000 pour que Timer1_Timer soit exécutée toutes les 60 000 millisecondes, c'est-à-dire toutes les minutes.

Affichez la fenêtre de code en appuyant sur **F7**. Sélectionnez l'objet
(Général) et la procédure (déclarations). Définissez la
constante pi comme suit :

```
Public pi
```

Cette constante sera utilisée pour effectuer des calculs trigonométriques sur la position des aiguilles.

Vous allez maintenant définir la procédure qui affichera les aiguilles
sur l'horloge. Entrez les instructions suivantes :

```
Private Sub Affiche()
' - - - - - - - - - - - - - - - - - - - - - - - - - -
' Cette procédure affiche les aiguilles sur
  ➥l'horloge
' - - - - - - - - - - - - - - - - - - - - - - - - - -
  FillColor = QBColor(15)
  FillStyle = 0
  Circle (49, 30), 11, QBColor(15)
  FillColor = QBColor(0)
  Circle (49, 30), 2, QBColor(0)
  ' - - - - - - - - - - - - -
  ' Affichage des heures
  ' - - - - - - - - - - - - -
  X = Sin((2 * pi * (Hour(Time) Mod 12)) / 12) * 9
  Y = Cos((2 * pi * (Hour(Time) Mod 12)) / 12) * 9
  Line (50, 30)-(50 + X, 30 - Y)
  ' - - - - - - - - - - - -
  ' Affichage des minutes
  ' - - - - - - - - - - - -
  X = Sin((2 * pi * Minute(Time)) / 60) * 12
  Y = Cos((2 * pi * Minute(Time)) / 60) * 12
  Line (50, 30)-(50 + X, 30 - Y)
End Sub
```

Les premières instructions effacent les aiguilles affichées sur l'horloge. La couleur de remplissage est initialisée à QBColor(15), c'est-à-dire Blanc vif :

```
FillColor = QBColor(15)
```

Le style de remplissage est initialisé à 0 (Solid) de telle sorte que la couleur de remplissage écrase le dessin précédent :

```
FillStyle = 0
```

Un cercle plein est ensuite tracé :

```
Circle (49, 30), 11, QBColor(15)
```

Pour simuler la fixation des aiguilles sur l'horloge, un petit cercle plein noir est ensuite tracé :

```
FillColor = QBColor(0)
Circle (49, 30), 2, QBColor(0)
```

Les instructions suivantes affichent les aiguilles sur l'horloge.

 Quelques rappels de trigonométrie (si vous y tenez vraiment) :

Pour afficher les aiguilles sur l'horloge, nous utiliserons les fonctions trigonométriques Cos (cosinus) et Sin (sinus). Le cosinus nous permettra de connaître la projection sur l'axe horizontal (abscisse), et le sinus, la projection sur l'axe vertical (ordonnée).

La fonction Hour(Time) renvoie l'heure système sous forme entière. Pour afficher l'aiguille des heures, nous devons dans un premier temps effectuer un modulo, puisqu'il n'y a que 12 graduations horaires sur une horloge :

```
Hour(Time) Mod 12
```

Un tour complet est représenté par l'angle 2 * pi. Une heure sera donc représentée par 2 * pi / 12, et l'heure système par (2 * pi * (Hour(Time) Mod 12)) / 12.

La projection sur l'axe des X est obtenue à l'aide d'un sinus, et la projection sur l'axe des Y, à l'aide d'un cosinus :

```
X = Sin((2 * pi * (Hour(Time) Mod 12)) / 12) * 9
Y = Cos((2 * pi * (Hour(Time) Mod 12)) / 12) * 9
```

Le facteur multiplicatif *9 fixe la longueur de l'aiguille des heures. Il suffit maintenant d'utiliser une instruction Line pour tracer l'aiguille des heures depuis le centre (50,30) jusqu'aux coordonnées calculées :

```
Line (50, 30)-(50 + X, 30 - Y)
```

L'affichage de l'aiguille des minutes est tout à fait comparable, mais ici, il faut tenir compte de 60 minutes et non de 12 heures, ce qui explique le dénominateur dans le calcul des coordonnées :

```
X = Sin((2 * pi * Minute(Time)) / 60) * 12
Y = Cos((2 * pi * Minute(Time)) / 60) * 12
```

Le facteur multiplicatif *12 permet que l'aiguille des minutes soit plus longue que celle des heures, sans empiéter sur les graduations de l'horloge. La dernière instruction trace l'aiguille des minutes depuis le centre (50,30) jusqu'aux coordonnées calculées :

```
Line (50, 30)-(50 + X, 30 - Y)
```

Pour pouvoir exécuter cette procédure, il faut maintenant définir la période du timer. Double-cliquez sur une partie inoccupée de la feuille et complétez la procédure Form_Load comme suit :

```
Private Sub Form_Load()
' - - - - - - - - - - - - - - - - - - - - - - - - -
' Cette procédure est activée au lancement de
' l'application. Elle affiche l'heure initiale
' et met en place le timer
' - - - - - - - - - - - - - - - - - - - - - - - - -
  Timer1.Interval = 1  ' Leurre pour provoquer
  ➥l'affichage
  Timer1.Interval = 60000  ' Toutes les minutes
  pi = 3.1415926536
End Sub
```

La première instruction définit une période fictive pour le timer, afin que l'affichage soit immédiat :

```
Timer1.Interval = 1  ' Leurre pour provoquer
l'affichage
```

La seconde instruction définit la période réelle du timer :

```
Timer1.Interval = 60000  ' Toutes les minutes
```

Enfin, la troisième instruction initialise la variable pi à sa valeur approximative :

```
pi = 3.1415926536
```

Pour terminer le programme, nous allons maintenant définir la procédure Timer1_Timer() :

```
Private Sub Timer1_Timer()
' - - - - - - - - - - - - - - - - - - - - - - - - -
' Cette procédure est activée toutes les minutes
' Elle doit réinitialiser l'affichage de l'heure
' - - - - - - - - - - - - - - - - - - - - - - - - -
   Affiche
End Sub
```

Difficile de faire plus simple ! Toutes les minutes, cette procédure est activée. Elle appelle la procédure Affiche, responsable de l'affichage des aiguilles sur l'horloge.

Exécution de l'application

Le programme peut être exécuté ; appuyez sur **F5**. Si nécessaire, vous pouvez repositionner la fenêtre en la faisant glisser à un endroit quelconque de l'écran. Avouez que cette "horloge maison" est plus agréable qu'une vulgaire horloge numérique...

Voici le listing complet du fichier HORLOGE.FRM, associé à la feuille Horloge.

```
Public pi
Private Sub Form_Load()
' - - - - - - - - - - - - - - - - - - - - - - - - -
```

```
' Cette procédure est activée au lancement de
' l'application. Elle affiche l'heure initiale
' et met en place le timer
' - - - - - - - - - - - - - - - - - - - - - - - -
  Timer1.Interval = 1  ' Leurre pour provoquer
  ➥l'affichage
  Timer1.Interval = 60000  ' Toutes les minutes
  pi = 3.1415926536
End Sub

Private Sub Timer1_Timer()
' - - - - - - - - - - - - - - - - - - - - - - - - - - -
' Cette procédure est activée toutes les minutes
' Elle doit réinitialiser l'affichage de l'heure
' - - - - - - - - - - - - - - - - - - - - - - - - - - -
  Affiche
End Sub

Private Sub Affiche()
' - - - - - - - - - - - - - - - - - - - - - - - - - - -
' Cette procédure affiche les aiguilles sur
  ➥l'horloge
' - - - - - - - - - - - - - - - - - - - - - - - - - - -
  FillColor = QBColor(15)
  FillStyle = 0
  Circle (49, 30), 11, QBColor(15)
  FillColor = QBColor(0)
  Circle (49, 30), 2, QBColor(0)
  ' - - - - - - - - - - - - -
  ' Affichage des heures
  ' - - - - - - - - - - - - -
  X = Sin((2 * pi * (Hour(Time) Mod 12)) / 12) * 9
  Y = Cos((2 * pi * (Hour(Time) Mod 12)) / 12) * 9
  Line (50, 30)-(50 + X, 30 - Y)
  ' - - - - - - - - - - - - -
  ' Affichage des minutes
  ' - - - - - - - - - - - - -
  X = Sin((2 * pi * Minute(Time)) / 60) * 12
  Y = Cos((2 * pi * Minute(Time)) / 60) * 12
  Line (50, 30)-(50 + X, 30 - Y)
End Sub
```

Si vous avez téléchargé les programmes sources développés dans cet ouvrage, ce projet se trouve par défaut dans le répertoire **SSM\HORLOGE**.

Résumé

Ce chapitre vous a montré comment utiliser le contrôle Timer pour exécuter à intervalles réguliers la procédure Timer. Rappelons que la propriété Interval définit la période du timer (en millisecondes), et que la propriété Enabled valide (True) ou inhibe (False) le timer. Les applications d'un timer sont très nombreuses. Vous pouvez mettre à jour périodiquement des calculs, afficher des bulles d'aide lorsque la souris reste immobile au-dessus d'un contrôle, ou encore, déplacer des personnages dans un jeu d'arcade.

Chapitre 25

Un numéroteur téléphonique

Le but à atteindre

Figure 25.1 : L'application Numéroteur en mode Exécution.

Cette application comporte :

- un système de menus,
- une liste modifiable,
- une zone de texte,
- un bouton de commande.

Le menu **Port** permet de définir le port sur lequel est connecté le modem (COM1, COM2, COM3 ou COM4). Un des ports peut éventuellement être sélectionné par défaut. Dans notre exemple, le modem est relié par défaut au port COM2. Dès l'ouverture de l'application, la liste modifiable donne accès aux noms des correspondants. Pour composer un numéro, il suffit de sélectionner un des correspondants. Son numéro de téléphone apparaît dans la zone de texte. Un clic sur le bouton **Numéroter** déclenche la numérotation.

Avant de commencer

 Le contrôle personnalisé Microsoft Comm Control 6.0 permet d'utiliser les ports série de l'ordinateur pour communiquer, par câble ou par modem, avec d'autres ordinateurs. Dans ce chapitre, nous ne ferons qu'effleurer les possibilités de communication de Visual Basic. Cependant, après sa lecture, vous serez sur la bonne voie pour construire des applications plus musclées.

Pour dialoguer avec un port série, vous devez au préalable l'ouvrir en initialisant à la valeur `True` la propriété `PortOpen` du contrôle `MSComm32`. De même, en fin de dialogue, pensez à refermer le port en modifiant cette propriété à la valeur `False`.

La propriété `Output` est utilisée pour envoyer des chaînes de commande ou des données au port série. Inversement, la propriété `Input` est utilisée pour recevoir les données renvoyées par le modem. Lorsque des données sont disponibles, la propriété `InBuf-ferCount` renvoie le nombre de caractères en attente dans le tampon de réception.

Pour communiquer avec un modem, vous utiliserez des commandes de type `AT` :

```
ATDT45894465;<cr> compose le numéro de téléphone
45 89 44 65,
ATH<cr> interrompt la liaison,
ATL0<cr> règle sur faible le volume du
haut-parleur.
```

310

Ces commandes seront placées dans la propriété Output du contrôle, et donneront lieu à un **OK** du modem, récupérable dans la propriété Input.

 Si vous diffusez une application utilisant le contrôle MSComm32, vous devez également fournir le fichier MSCOMM32.OCX. Cet OCX doit être placé dans le répertoire système de Windows.

Mise en place visuelle de l'application

Définissez un nouveau projet en choisissant la commande **Nouveau projet** dans le menu **Fichier**. Si le contrôle MSComm n'apparaît pas dans la boîte de dialogue, faites un clic droit sur la boîte à outils et sélectionnez **Composants**. Dans la boîte de dialogue **Composants**, cochez la case **Microsoft Comm Control 6.0** et validez en appuyant sur le bouton **OK**.

Vous allez maintenant utiliser les contrôles ComboBox, TextBox, CommandButton et MSComm pour obtenir le résultat suivant.

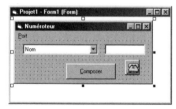

Figure 25.2 : La feuille de l'application en mode Edition.

Pour parvenir à ce résultat, et pour faciliter l'accès aux contrôles dans le code, modifiez leurs propriétés d'après le tableau suivant :

Contrôle	Propriété	Valeur
Feuille	Caption	Numéroteur
ComboBox	Name	Nom
ComboBox	Style	2-Dropdown List
ComboBox	Sorted	True
TextBox	Text	
TextBox	Name	Numéro
CommandButton	Caption	&Composer

Pour terminer, vous allez définir le menu de l'application. Sélectionnez la commande **Créateur de menus** dans le menu **Outils** ou appuyez sur **Ctrl+E**. Complétez la boîte de dialogue **Créateur de menus** pour obtenir le résultat suivant :

Figure 25.3 : La boîte de dialogue Créateur de menus après
définition du menu Port et des commandes de menu COM1 à COM4.

Les propriétés Name des commandes COM&1 à COM&4 ont pour valeur
respective Com1 à Com4.

> **Si vous pensez utiliser systématiquement le modem sur
> le même port, cochez la case Checked pour que ce der-
> nier soit défini par défaut.**

Définition des procédures de traitement

Lancement de l'application

Dès le lancement de l'application, deux tâches doivent être
accomplies :

- l'initialisation de la liste modifiable **Nom,**

- la définition du port utilisé pour la numérotation.

Double-cliquez sur un endroit libre de la feuille et complétez la procédure Form_Load comme suit :

```
Private Sub Form_Load()
' - - - - - - - - - - - - - - - - - - - - - - - - - -
' Initialisation de la liste modifiable et
' lecture de l'éventuel port sélectionné
' par défaut. Si aucun port n'est sélectionné,
' le port COM1 sera pris par défaut
' - - - - - - - - - - - - - - - - - - - - - - - - - -

  Open "c:\AGEND.TXT" For Input As #1
  i = 1
  Do
    Line Input #1, NomTel(i)
    Line Input #1, NumTel(i)
    Nom.AddItem NomTel(i)
    i = i + 1
  Loop Until EOF(1)
  Max = i - 1
  CommPort = 1 ' Port COM1 sélectionné par défaut
  If com1.Checked Then MSComm1.CommPort = 1
  If Com2.Checked Then MSComm1.CommPort = 2
  If Com3.Checked Then MSComm1.CommPort = 3
```

```
   If Com4.Checked Then MSComm1.CommPort = 4
End Sub
```

Les noms des correspondants et les numéros de téléphone sont stockés dans un fichier texte au format ANSI. Ils ne sont pas modifiables par l'application. Par contre, vous pouvez utiliser un traitement de texte ou un éditeur de texte quelconque pour les mettre à jour ou les compléter. Le format utilisé est très simple :

```
Nom du correspondant 1<cr>
Numéro du correspondant 1<cr>
Nom du correspondant 2<cr>
Numéro du correspondant 2<cr>
...
Nom du dernier correspondant<cr>
Numéro du dernier correspondant<cr>
```

Les <cr> représentent des caractères de passage à la ligne volontaire (appui sur la touche Entrée du clavier).

La première instruction ouvre le fichier séquentiel **C:\AGEND.TXT** en lecture :

```
Open "c:\AGEND.TXT" For Input As #1
```

Une boucle Do Loop parcourt ensuite le fichier jusqu'à ce qu'un EOF (fin de fichier) soit rencontré :

```
i = 1
Do
   ...
   i = i + 1
Loop Until EOF(1)
```

A l'intérieur de la boucle, deux Line Input lisent le nom et le numéro de téléphone des correspondants, et les stockent dans les tableaux NomTel et NumTel :

```
Line Input #1, NomTel(i)
Line Input #1, NumTel(i)
```

Les noms des correspondants sont également placés dans la liste modifiable à l'aide de la méthode AddItem :

```
Nom.AddItem NomTel(i)
```

En fin de boucle, le nombre de correspondants est stocké dans la variable Max :

```
Max = i - 1
```

Les instructions suivantes définissent le port utilisé pour la numérotation.

Si aucune coche n'a été placée en face d'une des commandes du menu **Port** lors de sa définition, le port utilisé par défaut est COM1 :

```
CommPort = 1 ' Port COM1 sélectionné par défaut
```

Dans le cas contraire, la commande cochée est identifiée et communiquée à la propriété CommPort du contrôle MSComm1 :

```
If com1.Checked Then MSComm1.CommPort = 1
If Com2.Checked Then MSComm1.CommPort = 2
If Com3.Checked Then MSComm1.CommPort = 3
If Com4.Checked Then MSComm1.CommPort = 4
```

La procédure Form_Load initialise des variables qui seront utilisées par d'autres procédures. Vous devez les définir dans la section (déclarations). Sélectionnez l'objet (Général) et la procédure (déclarations) et entrez les instructions de la section suivante :

Les variables communes

```
' - - - - - - - - - - - - - - - - - - - - - - - - -
' Variables communes à plusieurs procédures
' - - - - - - - - - - - - - - - - - - - - - - - - -
Public Max        ' Nombre d'entrées
Dim NumTel(30)    ' Tableau des numéros
Dim NomTel(30)    ' Tableau des noms
```

Si le nombre de correspondants à stocker est plus important, modifiez le nombre d'éléments des tableaux NumTel et NomTel en conséquence.

Gestion du menu Port

Vous allez maintenant définir les procédures associées aux commandes du menu **Port**. Ces procédures déterminent le port à

utiliser pour numéroter. La commande choisie doit être repérée par
une coche.

Sélectionnez la commande **COM1** dans le menu **Port**. Complétez
la procédure Com1_Click comme suit :

```
Private Sub com1_Click()
  ' - - - - - - - - - - - - -
  ' Communication sur COM1
  ' - - - - - - - - - - - - -
  MSComm1.CommPort = 1
  com1.Checked = 1
  Com2.Checked = 0
  Com3.Checked = 0
  Com4.Checked = 0
End Sub
```

La première instruction indique au contrôle MSComm1 que le modem
est relié sur le port COM1 :

```
MSComm1.CommPort = 1
```

Les instructions suivantes cochent la commande **COM1** et déco-
chent les autres commandes :

```
com1.Checked = 1
Com2.Checked = 0
Com3.Checked = 0
Com4.Checked = 0
```

Les procédures Com2_Click à Com4_Click sont très semblables.

Sélectionnez la commande **COM2** et entrez les instructions
suivantes :

```
Private Sub Com2_Click()
  ' - - - - - - - - - - - - -
  ' Communication sur COM2
  ' - - - - - - - - - - - - -
  MSComm1.CommPort = 2
  com1.Checked = 0
  Com2.Checked = 1
  Com3.Checked = 0
  Com4.Checked = 0
End Sub
```

Sélectionnez la commande **COM3** et entrez les instructions suivantes :

```
Private Sub Com3_Click()
  ' - - - - - - - - - - - - -
  ' Communication sur COM3
  ' - - - - - - - - - - - - -
  MSComm1.CommPort = 3
  com1.Checked = 0
  Com2.Checked = 0
  Com3.Checked = 1
  Com4.Checked = 0
End Sub
```

Enfin, sélectionnez la commande **COM4** et entrez les instructions suivantes :

```
Private Sub Com4_Click()
  ' - - - - - - - - - - - - - - -
  ' Communication sur COM4
  ' - - - - - - - - - - - - - -
  MSComm1.CommPort = 4
  com1.Checked = 0
  Com2.Checked = 0
  Com3.Checked = 0
  Com4.Checked = 1
End Sub
```

Gestion de la liste modifiable Nom

Nous allons maintenant nous intéresser à la liste modifiable **Nom**. Lorsque l'utilisateur sélectionne un nom dans cette liste, la procédure Nom_Click est exécutée. Elle doit provoquer l'affichage du numéro de téléphone correspondant, dans la zone de texte **Numéro**.

Dans la fenêtre de code, sélectionnez l'objet **Nom** et l'événement Click. Complétez la procédure Nom_Click en entrant les instructions suivantes :

```
Private Sub Nom_Click()
  ' - - - - - - - - - - - - - - - - - - - - - - - - - - - -
  ' Après la sélection d'un correspondant
  ' dans la liste modifiable, son numéro doit
```

```
' être affiché dans la zone de texte
' - - - - - - - - - - - - - - - - - - - - - - - - - -
   For i = 1 To Max
     If NomTel(i) = Nom.Text Then
       Numéro.Text = NumTel(i)
     End If
   Next i
End Sub
```

Rappelez-vous, les noms lus dans le fichier **C:\AGEND.TXT** ont été stockés dans le tableau `NomTel` et dans la liste modifiable. Quant aux numéros de téléphone, ils ont été stockés dans le tableau `NumTel`.

Pour relier le numéro de téléphone au nom sélectionné dans la liste modifiable, il suffit de parcourir le tableau `NomTel`.

```
   For i = 1 To Max
     ...
   Next i
```

Lorsqu'une entrée de ce tableau correspond au contenu de la liste modifiable :

```
     If NomTel(i) = Nom.Text Then
```

le numéro de téléphone occupe le même rang dans le tableau `NumTel`. Ce numéro est affecté à la propriété `Text` du contrôle `Numéro` afin qu'il apparaisse dans la zone de texte :

```
       Numéro.Text = NumTel(i)
```

Vous allez marquer une petite pause pour souffler un peu.

Sauvegardez le projet, puis définissez le fichier texte **C:\AGEND.TXT**, par exemple dans le Bloc-notes de Windows. Entrez le nom et le numéro de téléphone de vos correspondants en respectant le format décrit quelques pages plus tôt. Sauvegardez le fichier. Vous pouvez lancer le projet NUMTEL. Vérifiez que la sélection d'un correspondant produit bien l'affichage de son numéro de téléphone dans la zone de texte.

Cette bouffée d'air frais va nous permettre de poursuivre et de clôtu-
rer le code de l'application en définissant la procédure
Command1_Click associée au bouton de commande.

Gestion du bouton de commande

Nous allons terminer en beauté en analysant le contenu de la procédure Command1_Click, associée au bouton de commande. Double-cliquez sur le bouton de commande et complétez la procédure
Command1_Click comme suit :

```
Private Sub Command1_Click()
' - - - - - - - - - - - - - - - - - - - - - - - -
' Numérotation du correspondant sélectionné
' - - - - - - - - - - - - - - - - - - - - - - - -

    ' Définition des paramètres du port
    MSComm1.Settings = "300,N,8,1"

    ' Ouverture du port
    On Error Resume Next
    MSComm1.PortOpen = True
    If Err Then
        st = "COM" + Str(MSComm1.CommPort) + " n'est
        ➥pas disponible. "
        st = st + "Utilisez le menu Port pour
        ➥sélectionner un autre port de communication."
        MsgBox st
        Exit Sub
    End If

    ' Purge du tampon d'entrée
    MSComm1.InBufferCount = 0

    ' Composition du numéro
    Cde = "ATDT " + Numéro.Text + ";" + Chr$(13)
    MSComm1.Output = Cde

    ' Attente de la chaîne OK en provenance du modem
    ok = False
    Do
        ' S'il y a des données dans le tampon, les lit.
```

```
      If MSComm1.InBufferCount Then
        modem = modem + MSComm1.Input
        If InStr(modem, "OK") <> 0 Then
          MsgBox "Décrochez le téléphone et appuyez
  sur le bouton OK."
          ok = True
        End If
      End If
   Loop Until ok = True

    ' Déconnexion du modem
    MSComm1.Output = "ATH" + Chr$(13)

    ' Fermeture du port
    MSComm1.PortOpen = False
  End Sub
```

La première instruction définit les paramètres du port : 300 bauds, pas de parité, 8 bits de données, 1 bit stop :

```
   MSComm1.Settings = "300,N,8,1"
```

Le port est ensuite ouvert :

```
   MSComm1.PortOpen = True
```

Si une erreur se produit à l'ouverture, c'est que le port est utilisé par un autre périphérique que le modem, ou qu'il est occupé par une autre application. Une boîte de message est alors affichée :

```
   If Err Then
     st = "COM" + Str(MSComm1.CommPort) +  " n'est
  pas disponible. "
     st = st + "Utilisez le menu Port pour
  sélectionner un autre port de communication."
     MsgBox st
     Exit Sub
   End If       .
```

Dans le cas contraire, les éventuelles données renvoyées par le modem sont supprimées :

```
   MSComm1.InBufferCount = 0
```

Puis, le numéro qui se trouve dans la zone de texte est composé :

```
Cde = "ATDT " + Numéro.Text + ";" + Chr$(13)
MSComm1.Output = Cde
```

Le modem doit alors indiquer qu'il a compris et exécuté la commande en renvoyant la chaîne **OK**. Le programme se met en attente de cette chaîne à l'intérieur d'une boucle Do Loop :

```
ok = False
modem =""
Do
  ...
Loop Until ok = True
```

Si des données se trouvent dans le tampon de lecture, elles sont lues et placées dans la variable modem :

```
If MSComm1.InBufferCount Then
   modem = modem + MSComm1.Input
```

Lorsque ces données contiennent la chaîne **OK**, le modem a exécuté la commande. Une boîte de message invitant l'utilisateur à décrocher le combiné et à appuyer sur le bouton **OK** est affichée. Notez que la variable ok est initialisée à True pour sortir de la boucle Do Loop :

```
If InStr(modem, "OK") <> 0 Then
   MsgBox "Décrochez le téléphone et appuyez
sur le bouton OK."
   ok = True
End If
```

L'utilisateur vient de décrocher le combiné et de cliquer sur le bouton **OK**. Le modem peut être déconnecté :

```
MSComm1.Output = "ATH" + Chr$(13)
```

et le port fermé :

```
MSComm1.PortOpen = False
```

Exécution de l'application

Il ne vous reste plus qu'à placer les noms et numéros de vos correspondants dans le fichier **C:\AGEND.TXT**. Si vous avez plus de 30
correspondants, n'oubliez pas de modifier le nombre d'éléments des
tableaux NumTel et NomTel.

Appuyez sur **F5**. Si le port par défaut ne convient pas, choisissez
une des commandes du menu **Port** pour sélectionner le port à utiliser. Déroulez la liste modifiable **Nom**. Les noms apparaissent clas-
sés par ordre alphabétique. Sélectionnez un correspondant. Son
numéro est affiché dans la zone de texte. Appuyez sur le bouton
Composer. Après un bref instant, le numéro est composé ; une boîte
de message vous invite à décrocher le combiné et à appuyer sur la
touche **OK**.

Voici le listing complet du fichier NUMTEL.FRM, associé à la
feuille Numéroteur.

```
' - - - - - - - - - - - - - - - - - - - - - - -
' Variables communes à plusieurs procédures
' - - - - - - - - - - - - - - - - - - - - - - -
Public Max        ' Nombre d'entrées
Dim NumTel(30)    ' Tableau des numéros
Dim NomTel(30)    ' Tableau des noms

Private Sub com1_Click()
  ' - - - - - - - - - - - -
  ' Communication sur COM1
  ' - - - - - - - - - - - -
  MSComm1.CommPort = 1
  com1.Checked = 1
  Com2.Checked = 0
  Com3.Checked = 0
  Com4.Checked = 0
End Sub

Private Sub Com2_Click()
  ' - - - - - - - - - - - -
  ' Communication sur COM2
  ' - - - - - - - - - - - -
  MSComm1.CommPort = 2
```

```
  com1.Checked = 0
  Com2.Checked = 1
  Com3.Checked = 0
  Com4.Checked = 0
End Sub

Private Sub Com3_Click()
  ' - - - - - - - - - - - - -
  ' Communication sur COM3
  ' - - - - - - - - - - - - -
  MSComm1.CommPort = 3
  com1.Checked = 0
  Com2.Checked = 0
  Com3.Checked = 1
  Com4.Checked = 0
End Sub

Private Sub Com4_Click()
  ' - - - - - - - - - - - - -
  ' Communication sur COM4
  ' - - - - - - - - - - - - -
  MSComm1.CommPort = 4
  com1.Checked = 0
  Com2.Checked = 0
  Com3.Checked = 0
  Com4.Checked = 1
End Sub

Private Sub Command1_Click()
' - - - - - - - - - - - - - - - - - - - - - - - - - -
' Numérotation du correspondant sélectionné
' - - - - - - - - - - - - - - - - - - - - - - - - - -

  ' Définition des paramètres du port
    ➥MSComm1.Settings = "300,N,8,1"

  ' Ouverture du port
  On Error Resume Next
  MSComm1.PortOpen = True
  If Err Then
    st = "COM" + Str(MSComm1.CommPort) + " n'est
    ➥pas disponible. "
    st = st + "Utilisez le menu Port pour
```

323

```
  ➥sélectionner un autre port de communication."
    MsgBox st
    Exit Sub
  End If

  ' Purge du tampon d'entrée
  MSComm1.InBufferCount = 0

  ' Composition du numéro
  Cde = "ATDT " + Numéro.Text + ";" + Chr$(13)
  MSComm1.Output = Cde

  ' Attente de la chaîne OK en provenance du modem
  ok = False
  Do
    ' S'il y a des données dans le tampon, les lit.
    If MSComm1.InBufferCount Then
      modem = modem + MSComm1.Input
      If InStr(modem, "OK") <> 0 Then
        MsgBox "Décrochez le téléphone et appuyez
        ➥sur le bouton OK."
        ok = True
      End If
    End If
  Loop Until ok = True

  ' Déconnexion du modem
  MSComm1.Output = "ATH" + Chr$(13)

  ' Fermeture du port
  MSComm1.PortOpen = False
End Sub

Private Sub Form_Load()
' - - - - - - - - - - - - - - - - - - - - - - - - -
' Initialisation de la liste modifiable et
' lecture de l'éventuel port sélectionné
' par défaut. Si aucun port n'est sélectionné,
' le port COM1 sera pris par défaut
' - - - - - - - - - - - - - - - - - - - - - - - - -

  Open "c:\AGEND.TXT" For Input As #1
  i = 1
```

```
  Do
    Line Input #1, NomTel(i)
    Line Input #1, NumTel(i)
    Nom.AddItem NomTel(i)
    i = i + 1
  Loop Until EOF(1)
  Max = i - 1
  CommPort = 1 ' Port COM1 sélectionné par défaut
  If com1.Checked Then MSComm1.CommPort = 1
  If Com2.Checked Then MSComm1.CommPort = 2
  If Com3.Checked Then MSComm1.CommPort = 3
  If Com4.Checked Then MSComm1.CommPort = 4
End Sub

Private Sub Nom_Click()
' - - - - - - - - - - - - - - - - - - - - - - - -
' Après la sélection d'un correspondant
' dans la liste modifiable, son numéro doit
' être affiché dans la zone de texte
' - - - - - - - - - - - - - - - - - - - - - - - -
  For i = 1 To Max
    If NomTel(i) = Nom.Text Then
      Numéro.Text = NumTel(i)
    End If
  Next i
End Sub
```

Si vous avez téléchargé les programmes sources développés dans cet ouvrage, ce projet se trouve par défaut dans le répertoire **SSM\NUMTEL**.

Résumé

Ce chapitre vous a montré comment utiliser le contrôle personnalisé MSComm32 pour réaliser un numéroteur téléphonique. Retenez en particulier que :

- Le port doit être ouvert avant toute tentative de communication.

- Les propriétés **Output** et **Input** permettent respectivement d'envoyer des données au modem et de lire les données retournées par le modem.

- La propriété **InBufferCount** renvoie le nombre de caractères en attente dans le tampon de réception.

Pour avoir plus de renseignements sur l'utilisation du contrôle MSComm32, consultez l'aide interactive à la rubrique MSComm.

Chapitre 26

Mettez un tableur dans votre projet

Le but à atteindre

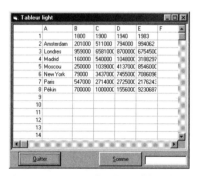

Figure 26.1 : L'application Tableur light en mode Exécution.

Cette application montre comment manipuler des tableaux en utilisant le contrôle Grid. Les données initialement affichées dans le tableau sont issues du fichier texte **DATA.TXT**, qui doit se trouver dans la racine du disque **C:** à l'exécution de l'application.

Vous pouvez modifier les données, ajouter de nouvelles données et calculer la somme de plusieurs cellules, comme vous le feriez dans un tableur. La grille s'étend de la cellule A1 à la cellule Z29. Les barres de défilement permettent de déplacer la fenêtre de visualisation dans l'ensemble des cellules du tableau.

Avant de commencer

Un tableur est un outil extraordinaire dédié à la manipulation de données numériques. Il peut être utilisé dans bien des situations, depuis la réalisation d'une facture jusqu'à la gestion d'un parc automobile. Dans Visual Basic 6.0, le contrôle MSFlexGrid permet de placer une véritable feuille de calcul dans un projet. Si ce contrôle n'apparaît pas, faites un clic droit sur la boîte à outils et sélectionnez **Composants**. Cochez la case **Microsoft FlexGrid Control 6.0** dans la boîte de dialogue **Composants** et validez. Dès lors, quelques lignes de code élémentaires prennent en compte les clics utilisateur dans les cellules, la sélection d'une plage de cellules, ou encore, la saisie de nouvelles données au clavier.

Pour manipuler les cellules d'un contrôle Grid, vous utiliserez essentiellement les propriétés suivantes :

- **Rows** et **Cols** pour définir/connaître le nombres de lignes et de colonnes du contrôle,
- **FixedCols** et **FixedRows** pour définir/connaître le nombre de colonnes et de lignes fixes,
- **Row** et **Col** pour définir/connaître les coordonnées de la cellule courante,
- **Text** pour définir/connaître le contenu de la cellule courante,
- **ColWidth** et **RowHeight** pour définir/connaître la largeur d'une colonne ou la hauteur d'une ligne,

- **ColAlignment** pour définir/connaître l'alignement des données dans une colonne,

- **Row**, **RowSel**, **Col** et **ColSel** pour sélectionner/connaître les coordonnées d'une plage de cellules.

Mise en place visuelle de l'application

 Définissez un nouveau projet en sélectionnant la commande **Nouveau projet** dans le menu **Fichier**. Placez un contrôle **MSFlexGrid** dans la feuille et initialisez ses propriétés comme dans le tableau ci-après :

Propriété	Valeur
Cols	27
Rows	30
ScrollBars	3 - FlexScrollBarBoth

Toutes les lignes et colonnes du tableau ne seront pas visibles simultanément. C'est la raison pour laquelle la propriété ScrollBars a été initialisée à 3 - FlexScrollBarBoth. Agrandissez le contrôle MSFlexGrid pour faire apparaître environ 10 colonnes et 16 lignes. Ajoutez deux boutons de commande et une zone de texte. Réglez leurs propriétés comme indiqué dans le tableau ci-après :

Contrôle	Propriété	Valeur
Premier bouton	Caption	&Quitter
Premier bouton	Name	Quitter
Deuxième bouton	Caption	&Somme
Deuxième bouton	Name	Somme

Contrôle	Propriété	Valeur
Zone de texte	Name	SommeSel
Zone de texte	Text	
Feuille	Tableur light	

Après ces modifications, la feuille de l'application doit avoir l'allure suivante :

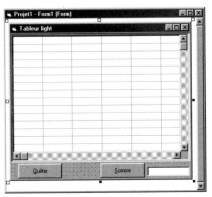

Figure 26.2 : La feuille de l'application en mode Edition.

Définition des procédures de traitement

Pour donner vie à l'application, vous allez vous dégourdir les doigts en saisissant quelques lignes de code.

Pour commencer, vous allez définir la procédure Form_Load qui sera exécutée au lancement de l'application. Double-cliquez sur une portion libre de la feuille et complétez la procédure Form_Load comme suit :

```
Private Sub Form_Load()
```

```
   ' Affichage des en-têtes de ligne et de colonne
   ' - - - - - - - - - - - - - - - - - - - - - - -
   For i = 1 To 29
     MSFlexGrid1.Row = i
     MSFlexGrid1.Col = 0
     MSFlexGrid1.Text = i
   Next i
   For i = 1 To 26
     MSFlexGrid1.Row = 0
     MSFlexGrid1.Col = i
     MSFlexGrid1.Text = Chr(64 + i)
   Next i

   ' - - - - - - - - - - - - - - - - - - - - - - -
   ' Définition de la largeur des colonnes
   ' - - - - - - - - - - - - - - - - - - - - - - -
   MSFlexGrid1.ColWidth(1) = 1000
   For i = 2 To 26
     MSFlexGrid1.ColWidth(i) = 700
   Next i

   ' - - - - - - - - - - - - - - - - - - - - - - -
   ' Définition de l'alignement des colonnes
   ' - - - - - - - - - - - - - - - - - - - - - - -
   For i = 1 To 26
     MSFlexGrid1.ColAlignment(i) = 1
   Next i

   ' - - - - - - - - - - - - - - - - - - - - - - -
   ' Lecture des données à afficher et affichage
   ' - - - - - - - - - - - - - - - - - - - - - - -
   Open "c:\data.txt" For Input As #1
   For i = 1 To 8
     MSFlexGrid1.Row = i
     For j = 1 To 5
       MSFlexGrid1.Col = j
       Input #1, a
       MSFlexGrid1.Text = a
     Next j
   Next i
   Close #1
End Sub
```

Le premier bloc d'instructions utilise deux boucles For pour définir les en-têtes de ligne et de colonne, façon tableur : les lignes sont numérotées avec des chiffres arabes et les colonnes avec des lettres :

```
For i = 1 To 29
  MSFlexGrid1.Row = i
  MSFlexGrid1.Col = 0
  MSFlexGrid1.Text = i
Next i
For i = 1 To 26
  MSFlexGrid1.Row = 0
  MSFlexGrid1.Col = i
  MSFlexGrid1.Text = Chr(64 + i)
Next i
```

Notez que la première cellule (en haut à gauche de la grille) a pour coordonnées Row=0, Col=0.

Le deuxième bloc d'instructions définit la largeur des colonnes. Comme la colonne **A** va contenir des données plus larges que les autres colonnes, un traitement spécial lui est réservé :

```
MSFlexGrid1.ColWidth(1) = 1000
```

 La largeur est indiquée en twips. Un centimètre correspond environ à 567 twips. La largeur de la première colonne est donc égale à 1000/567 = 1,76 cm.

Les colonnes 2 à 26 sont redimensionnées à 700 twips, soit environ 1,23 cm :

```
For i = 2 To 26
  MSFlexGrid1.ColWidth(i) = 700
Next i
```

Le troisième bloc d'instructions définit l'alignement des colonnes grâce à la propriété ColAlignment :

```
For i = 1 To 26
  MSFlexGrid1.ColAlignment(i) = 1
Next i
```

Par défaut, les cellules sont alignées à gauche (ColAlignment=0).
La valeur 1 provoque un alignement à droite et la valeur 2 un cen-
trage des cellules.

Enfin, le dernier bloc d'instructions remplit le tableau avec le
contenu du fichier texte **C:\DATA.TXT** :

```
,1800,1900,1940,1983
Amsterdam,201000,511000,794000,994062
Londres,959000,6581000,8700000,6754500
Madrid,160000,540000,1048000,3188297
Moscou,250000,1039000,4137000,8546000
New York,79000,3437000,7455000,7086096
Paris,547000,2714000,2725000,2176243
Pékin,700000,1000000,1556000,9230687
```

Si vous avez téléchargé les programmes sources développés dans
cet ouvrage, ce fichier se trouve par défaut dans le répertoire
C:\SSM\TABLEUR. Vous devez donc le copier dans la racine du
disque **C:**, ou modifier l'instruction d'ouverture :

```
Open "c:\data.txt" For Input As #1
```

Deux boucles For Next imbriquées extraient les valeurs alphanumériques se trouvant dans le fichier **DATA.TXT** et les placent dans
les cellules du contrôle Grid.

Le premier For parcourt les lignes :

```
For i = 1 To 8
    MSFlexGrid1.Row = i
```

et le second les colonnes :

```
For j = 1 To 5
    MSFlexGrid1.Col = j
```

Les données étant séparées par des virgules, elles sont lues grâce à
l'instruction Input # :

```
Input #1, a
```

Les propriétés `Row` et `Col` étant définies, il suffit de renseigner la propriété `Text` du contrôle `Grid` pour afficher la donnée dans la cellule courante :

```
MSFlexGrid1.Text = a
```

Lorsque toutes les données ont été lues, le fichier séquentiel est refermé :

```
Close #1
```

Vous pouvez déjà lancer le programme pour constater que :

1. Les lignes et les colonnes de la feuille de calcul sont bien numérotées.

2. Le dimensionnement des colonnes et l'alignement des données sont corrects.

3. Les données sont bien lues dans le fichier **C:\DATA.TXT** et affichées dans le contrôle **Grid**.

Vous allez maintenant définir la procédure MSFlexGrid1_Click qui affichera le contenu de la cellule courante dans la zone de texte. Double-cliquez sur le contrôle Grid et complétez la procédure Grid1_Click comme suit :

```
Private Sub MSFlexGrid1_Click()
' - - - - - - - - - - - - - - - - - - - - - - - - -
' Recopie de la cellule dans la zone de texte
' - - - - - - - - - - - - - - - - - - - - - - - - -
  SommeSel.Text = MSFlexGrid1.Text
  SommeSel.SetFocus
End Sub
```

La première instruction recopie le contenu de la cellule courante (**MSFlexGrid1.Text**) dans le contrôle SommeSel :

```
SommeSel.Text = MSFlexGrid1.Text
```

La deuxième instruction donne le focus à la zone de texte :

```
SommeSel.SetFocus
```

Nous allons maintenant définir une autre procédure pour que toute modification de la zone de texte soit reportée dans la cellule courante. Double-cliquez sur la zone de texte et complétez la procédure SommeSel_Change comme suit :

```
Private Sub SommeSel_Change()
' - - - - - - - - - - - - - - - - - - - - - - - - - - -
' Recopie de la zone de texte dans la cellule
' - - - - - - - - - - - - - - - - - - - - - - - - - - -
  MSFlexGrid1.Text = SommeSel.Text
End Sub
```

A chaque changement dans la zone de texte, c'est-à-dire chaque fois qu'un nouveau chiffre ou une nouvelle lettre sont entrés au clavier, le contenu de la zone de texte est recopié dans la cellule courante. Simple et efficace.

Pour terminer, nous allons attacher une procédure de traitement aux deux boutons de commande.

Lorsqu'une plage de cellules est sélectionnée, un appui sur le bouton **Somme** doit produire l'affichage de la somme des cellules dans la zone de texte. Pour parvenir à ce résultat, nous allons utiliser deux boucles For Next imbriquées, basées sur les propriétés SelStartRow, SelEndRow, SelStartCol et SelEndCol du contrôle Grid.

Double-cliquez sur le bouton **Somme** et complétez la procédure Somme_Click comme suit :

```
Private Sub Somme_Click()
  ' - - - - - - - - - - - - - - - - - - - - - - - - -
  ' Calcul de la somme des cellules sélectionnées
  ' et affichage dans la zone de texte SommeSel
  ' - - - - - - - - - - - - - - - - - - - - - - - - -
  som = 0
  RDEb = MSFlexGrid1.Row
  RFIN = MSFlexGrid1.RowSel
  CDEB = MSFlexGrid1.Col
  CFIN = MSFlexGrid1.ColSel
  For i = RDEb To RFIN
    For j = CDEB To CFIN
      MSFlexGrid1.Row = i
```

```
      MSFlexGrid1.Col = j
      som = som + Val(MSFlexGrid1.Text)
    Next j
  Next i
  SommeSel.Text = som
End Sub
```

La somme sera calculée dans la variable locale `Som` qui est initialisée à 0 en début de procédure :

```
    Som = 0
```

Le parcourt de la plage de cellules sélectionnée se fait à l'aide de deux boucles `For Next` imbriquées :

```
For i = RDEb To RFIN
    For j = CDEB To CFIN
      MSFlexGrid1.Row = i
      MSFlexGrid1.Col = j
      som = som + Val(MSFlexGrid1.Text)
    Next j
  Next i
```

Les propriétés `Row` et `Col` prennent la valeur des index de boucles :

```
        MSFlexGrid1.Row = i
        MSFlexGrid1.Col = j
```

Il suffit alors d'ajouter, après conversion numérique, la valeur de la cellule pointée à la variable `Som` :

```
        Som = Som + Val(MSFlexGrid1.Text)
```

Lorsque les deux boucles sont terminées, la variable `Som` contient la somme des cellules numériques de la plage sélectionnée. Il suffit alors de l'affecter à la propriété `Text` de la zone de texte pour afficher le résultat :

```
SommeSel.Text = Som
```

Cela commence à devenir une habitude : nous terminerons par la procédure la plus simple, à savoir `Quitter_Click`. Double-cliquez sur le bouton **Quitter** et entrez l'instruction `End` entre les lignes d'en-tête et de fin de procédure :

```
Private Sub Quitter_Click()
  ' - - - - - - - - - - - - - - - - - - - - - - - - - -
  ' Fin de l'application
  ' - - - - - - - - - - - - - - - - - - - - - - - - - -
  End
End Sub
```

Exécution de l'application

Appuyez sur **F5** pour lancer le programme. Lorsque vous cliquez sur une cellule, son contenu est affiché dans la zone de texte. Le point d'insertion (barre verticale clignotante) vous permet de modifier directement le contenu de la cellule dans la zone de texte ; les modifications sont reportées dans la cellule pendant la saisie. Pour calculer la somme de plusieurs cellules contenant des données numériques, sélectionnez-les avec la souris et cliquez sur le bouton **Somme**.

Voici le listing complet du fichier TABLEUR.FRM, associé à la feuille Tableur light.

```
Private Sub Form_Load()
  ' - - - - - - - - - - - - - - - - - - - - - - - - -
  ' Affichage des en-têtes de ligne et de colonne
  ' - - - - - - - - - - - - - - - - - - - - - - - - -
  For i = 1 To 29
    MSFlexGrid1.Row = i
    MSFlexGrid1.Col = 0
    MSFlexGrid1.Text = i
  Next i
  For i = 1 To 26
    MSFlexGrid1.Row = 0
    MSFlexGrid1.Col = i
    MSFlexGrid1.Text = Chr(64 + i)
  Next i

  ' - - - - - - - - - - - - - - - - - - - - - - - - -
  ' Définition de la largeur des colonnes
  ' - - - - - - - - - - - - - - - - - - - - - - - - -
  MSFlexGrid1.ColWidth(1) = 1000
  For i = 2 To 26
```

```
    MSFlexGrid1.ColWidth(i) = 700
  Next i

  ' . . . . . . . . . . . . . . . . . . . . . . .
  ' Définition de l'alignement des colonnes
  ' . . . . . . . . . . . . . . . . . . . . . . .
  For i = 1 To 26
    MSFlexGrid1.ColAlignment(i) = 1
  Next i

  ' . . . . . . . . . . . . . . . . . . . . . . .
  ' Lecture des données à afficher et affichage
  ' . . . . . . . . . . . . . . . . . . . . . . .
  Open "c:\data.txt" For Input As #1
  For i = 1 To 8
    MSFlexGrid1.Row = i
    For j = 1 To 5
      MSFlexGrid1.Col = j
      Input #1, a
      MSFlexGrid1.Text = a
    Next j
  Next i
  Close #1
End Sub

Private Sub MSFlexGrid1_Click()
  ' . . . . . . . . . . . . . . . . . . . . . . .
  ' Recopie de la cellule dans la zone de texte
  ' . . . . . . . . . . . . . . . . . . . . . . .
  SommeSel.Text = MSFlexGrid1.Text
  SommeSel.SetFocus
End Sub

Private Sub Quitter_Click()
  ' . . . . . . . . . . . . . . . . . . . . . . .
  ' Fin de l'application
  ' . . . . . . . . . . . . . . . . . . . . . . .
  End
End Sub

Private Sub Somme_Click()
  ' . . . . . . . . . . . . . . . . . . . . . . .
  ' Calcul de la somme des cellules sélectionnées
```

```
   ' et affichage dans la zone de texte SommeSel
   ' - - - - - - - - - - - - - - - - - - - - - -
   som = 0
   RDEb = MSFlexGrid1.Row
   RFIN = MSFlexGrid1.RowSel
   CDEB = MSFlexGrid1.Col
   CFIN = MSFlexGrid1.ColSel
   For i = RDEb To RFIN
     For j = CDEB To CFIN
       MSFlexGrid1.Row = i
       MSFlexGrid1.Col = j
       som = som + Val(MSFlexGrid1.Text)
     Next j
   Next i
   SommeSel.Text = som
 End Sub

 Private Sub SommeSel_Change()
 ' - - - - - - - - - - - - - - - - - - - - - - - -
 ' Recopie de la zone de texte dans la cellule
 ' - - - - - - - - - - - - - - - - - - - - - - - -
   MSFlexGrid1.Text = SommeSel.Text
 End Sub
```

Si vous avez téléchargé les programmes sources développés dans cet ouvrage, ce projet se trouve par défaut dans le répertoire **SSM\TABLEUR**.

Résumé

Ce chapitre vous a montré comment insérer un contrôle MSFlex-Grid dans une feuille, et comment lui donner vie à l'aide de quelques lignes de code.

Certaines propriétés d'un contrôle MSFlexGrid peuvent être définies en mode Création ou par programmation. Citons, entre autres, le nombre de lignes et de colonnes du contrôle, ou la présence de barres de défilement. D'autres propriétés ne sont accessibles que par des lignes de code : ColWidth pour définir la largeur des colonnes, ou encore, ColAlignment pour définir l'alignement des données dans les cellules.

Vous avez appris à créer un clone de la cellule courante dans une zone de texte. Grâce à la méthode SetFocus, la zone de texte est toujours active lorsque l'utilisateur clique sur une cellule. De la sorte, il peut immédiatement modifier son contenu en utilisant le clavier.

Enfin, vous avez vu comment utiliser les propriétés Row, RowSel, Col et ColSel pour travailler avec la plage de cellules sélectionnée.

Chapitre 27

Des graphes
en tous genres

Le but à atteindre

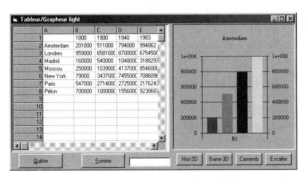

Figure 27.1 : L'application Tableur/Grapheur light en mode
Exécution.

Cette application montre comment ajouter un mini-grapheur dans une application et comment le relier aux données d'un contrôle `MSFlexGrid`.

L'application Tableur/Grapheur light a été construite à partir de l'application Tableur light. De nouveaux contrôles y ont été ajoutés pour représenter graphiquement une ligne de données.

Un clic sur une des cellules de la colonne **A** déclenche l'affichage du graphe correspondant. Le titre du graphe ainsi que les graduations sur les deux axes sont automatiquement modifiés en fonction des données représentées. Les quatre boutons de commande permettent de choisir le type du graphe : Histogramme 2D, Barre 3D, Camembert ou Escalier.

Avant de commencer

Comme le dit le proverbe, "un bon dessin vaut mieux qu'un long discours". C'est également vrai en ce qui concerne la représentation de données numériques. Rien de tel qu'un graphe pour bien visualiser les minima, les maxima ou l'amplitude des variations des données.

 Grâce au contrôle personnalisé `MSChart`, Visual Basic 6.0 permet de définir très facilement un grapheur simple, fiable et performant.

Comme toujours, les propriétés du contrôle vont déterminer son apparence lors de l'exécution. Certaines propriétés peuvent être ajustées pendant la conception de l'application, en utilisant la fenêtre des propriétés. D'autres seront modifiées par le code de l'application.

Pour vous faire une première idée sur ces propriétés, ajoutez un contrôle `MSChart` dans une nouvelle application et faites défiler les entrées de la fenêtre **Propriétés**. Vous verrez, les noms sont très parlants...

Mise en place visuelle de l'application

Ouvrez le projet **Tableur** qui se trouve par défaut dans le répertoire **C:\SSM\TABLEUR** après exécution du programme d'installation. Sélectionnez la commande **Enregistrer le projet sous** dans le menu **Fichier**, et enregistrez ce projet dans un autre répertoire sous le nom **Grapheur**.

Par défaut, le contrôle MSChart n'est pas affiché dans la boîte à outils. Faites un clic droit sur la boîte à outils et sélectionnez **Composants**. Cochez la case **Microsoft Chart Control 6.0** dans la boîte de dialogue **Composants** et validez. Elargissez la feuille, placez un contrôle MSChart et quatre boutons de commande pour obtenir le résultat suivant :

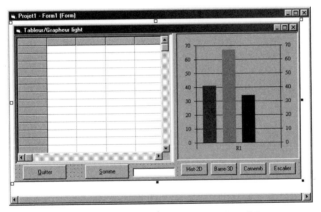

Figure 27.2 : La feuille de l'application en mode Edition.

Pour parvenir à ce résultat, vous devez modifier certaines propriétés des nouveaux contrôles ; aidez-vous du tableau ci-après :

Contrôle	Propriété	Valeur
MSChart1	ColumnCount	4
MSChart1	RowCount	1
Bouton 1	Caption	Hist-2D
Bouton 1	Name	Hist2D
Bouton 2	Caption	Barre-3D
Bouton 2	Name	Barre
Bouton 3	Caption	Camemb
Bouton 3	Name	Camemb
Bouton 4	Caption	Escalier
Bouton 4	Name	Escalier
Feuille	Caption	Tableur/Grapheur light

Définition des procédures de traitement

La majeure partie du code est déjà écrite. Pour donner vie au grapheur, vous devrez :

- modifier les procédures **Form_Load** et **MSFlexGrid1.Click,**
- définir les procédures associées aux nouveaux boutons de commande.

Double-cliquez sur un endroit libre de la feuille pour afficher le code de la procédure Form_Load. Complétez cette procédure en ajoutant les instructions suivantes juste avant le End Sub :

```
'  - - - - - - - - - - - - - - - - - - - - - -
' Définition du graphique par défaut
'  - - - - - - - - - - - - - - - - - - - - - -
For i = 2 To 5
   MSFlexGrid1.Col = I
   MSFlexGrid1.Row = 2
   MSChart1.Column = I - 1
   MSChart1.Data = MSFlexGrid1.Text   Next i
```

Une boucle For Next pioche dans le contrôle MSFlexGrid pour
définir les données à représenter dans le contrôle MSChart. Le graphe affiché par défaut représente l'évolution de la population à Amsterdam. Les données numériques à utiliser se trouvent sur la ligne 2
et sur les colonnes 2 à 5 :

```
For i = 1 To 4
   MSFlexGrid1.Col = i + 1
   MSFlexGrid1.Row = 2
```

La propriété MSFlexGrid1.Text contient la valeur de la cellule
pointée par Col et Row. Cette valeur est affectée à la propriété Data
du contrôle MSChart pour définir l'ordonnée des quatre valeurs à
représenter :

```
MSChart1.Data = MSFlexGrid1.Text
```

Vous allez maintenant modifier la procédure MSFlexGrid1.Click
pour prendre en compte les clics sur l'un des éléments de la première colonne du contrôle MSFlexGrid. Les instructions ajoutées
apparaissent en gras :

```
Private Sub MSFlexGrid1_Click()
'  - - - - - - - - - - - - - - - - - - - - - -
' Recopie de la cellule dans la zone de texte
'  - - - - - - - - - - - - - - - - - - - - - -
   SommeSel.Text = MSFlexGrid1.Text
   SommeSel.SetFocus
'  - - - - - - - - - - - - - - - - - - - - - -
' Modification du graphe
'  - - - - - - - - - - - - - - - - - - - - - -
If MSFlexGrid1.Col = 1 Then
    For i = 1 To 4
       MSFlexGrid1.Col = i + 1
```

```
      MSChart1.Data = MSFlexGrid1.Text
   Next i
   MSFlexGrid1.Col = 1
   MSChart1.TitleText = MSFlexGrid1.Text
   MSChart1.DrawMode = 2   End If
End Sub
```

Lorsque l'utilisateur clique sur une cellule du contrôle MSFlexGrid, les propriétés MSFlexGrid1.Col et MSFlexGrid1.Raw indiquent ses coordonnées. Par convention, seul un clic sur la première colonne (celle qui contient les noms de villes) provoquera une mise à jour du graphe :

```
If MSFlexGrid1.Col = 1 Then
```

Si une cellule contenant un nom de ville est cliquée, il est nécessaire de redéfinir les ordonnées des valeurs à représenter. La technique utilisée est la même que dans la procédure Form_Load :

```
For i = 1 To 4
  MSFlexGrid1.Col = i + 1
  MSChart1.Data = MSFlexGrid1.Text
Next i
```

Lorsque toutes les ordonnées sont mémorisées, le titre du graphe est défini :

```
MSFlexGrid1.Col = 1
MSChart1.TitleText = MSFlexGrid1.Text
```

Le graphe est alors affiché :

```
Graph1.DrawMode = 2
```

Les quatre nouveaux boutons de commande modifient le type du graphe. Le code utilisé dans chacune de ces procédures est quasiment le même. Il consiste à modifier la propriété chartType et à réafficher le graphe.

Pour connaître les divers types de graphes autorisés, il suffit de consulter l'aide interactive à la rubrique chartType.

Double-cliquez sur le bouton **Hist-2D** et complétez la procédure
Hist2D_Click comme suit :

```
Private Sub Hist2D_Click()
' - - - - - - - - - - - - - - - - - - - - -
' Tracé d'un histogramme 2D
' - - - - - - - - - - - - - - - - - - - - -
  MSChart1.chartType = 1
  MSChart1.DrawMode = 2
End Sub
```

La première instruction choisit le type du graphique : graphe à
barres 2D. La deuxième instruction réaffiche le graphe dans le
contrôle Graph.

Seule la valeur de chartType change dans les trois autres procédures.

Double-cliquez sur le bouton **Barre-3D** et définissez les instructions suivantes :   .

```
Private Sub Ligne_Click()
' - - - - - - - - - - - - - - - - - - - - - - - - - -
' Tracé d'un graphe ligne
' - - - - - - - - - - - - - - - - - - - - - - - - - -
  MSChart1. chartType = 0
  MSChart1.DrawMode = 2
End Sub
```

Double-cliquez sur le bouton **Camemb** et définissez les instructions
suivantes :

```
Private Sub From3D_Click()
' - - - - - - - - - - - - - - - - - - - - - - - - - -
' Tracé d'un camembert 3D
' - - - - - - - - - - - - - - - - - - - - - - - - - -
  MSChart1. chartType = 14
  MSChart1.DrawMode = 2
End Sub
```

Pour terminer, double-cliquez sur le bouton **Escalier** et définissez
les instructions suivantes :

```
Private Sub Aire_Click()
' - - - - - - - - - - - - - - - - - - - - - - - - - -
```

```
' Tracé d'un graphe Aire
' - - - - - - - - - - - - - - - - - - - - - - - -
  MSChart1. chartType = 6
  MSChart1.DrawMode = 2
End Sub
```

Exécution de l'application

Comme pour l'application TABLEUR, le fichier **DATA.TXT** doit se trouver dans la racine du disque **C:** avant le lancement de l'application. Si ce n'est pas déjà fait, copiez-le depuis le répertoire **C:\SSM\TABLEUR** ou **C:\SSM\GRAPHES**.

Appuyez sur **F5** pour lancer le programme. L'histogramme 2D représentant l'évolution démographique d'Amsterdam est affiché. Cliquez sur une autre ville dans le contrôle MSFlexGrid ; le graphe est mis à jour. Cliquez maintenant sur un des quatre boutons de commande dans la partie inférieure droite de la fenêtre. Le type du graphe est instantanément modifié.

 Pour aller plus loin avec le contrôle Graph, vous pouvez tester les autres types de graphes, ajouter une légende, placer une grille sur le graphe, etc. Utilisez la fenêtre Propriétés et l'aide interactive pour avoir de plus amples informations sur ce contrôle. Vous serez certainement surpris par les possibilités qui vous sont offertes.

Voici le listing complet du fichier GRAPHES.FRM, associé à la feuille Tableur/Grapheur light.

```
Private Sub Form_Load()
  ' - - - - - - - - - - - - - - - - - - - - - - - -
  ' Affichage des en-têtes de ligne et de colonne
  ' - - - - - - - - - - - - - - - - - - - - - - - -
  For I = 1 To 29
    MSFlexGrid1.Row = I
    MSFlexGrid1.Col = 0
    MSFlexGrid1.Text = I
  Next I
  For I = 1 To 26
    MSFlexGrid1.Row = 0
```

```
  MSFlexGrid1.Col = I
  MSFlexGrid1.Text = Chr(64 + I)
Next I

'  .  .  .  .  .  .  .  .  .  .  .  .  .  .  .  .  .  .  .  .
' Définition de la largeur des colonnes
'  .  .  .  .  .  .  .  .  .  .  .  .  .  .  .  .  .  .  .  .
MSFlexGrid1.ColWidth(1) = 1000
For I = 2 To 26
  MSFlexGrid1.ColWidth(I) = 700
Next I

'  .  .  .  .  .  .  .  .  .  .  .  .  .  .  .  .  .  .  .  .
' Définition de l'alignement des colonnes
'  .  .  .  .  .  .  .  .  .  .  .  .  .  .  .  .  .  .  .  .
For I = 1 To 26
  MSFlexGrid1.ColAlignment(I) = 1
Next I

'  .  .  .  .  .  .  .  .  .  .  .  .  .  .  .  .  .  .  .  .
' Lecture des données à afficher et affichage
'  .  .  .  .  .  .  .  .  .  .  .  .  .  .  .  .  .  .  .  .
Open "c:\data.txt" For Input As #1
For I = 1 To 8
  MSFlexGrid1.Row = I
  For j = 1 To 5
    MSFlexGrid1.Col = j
    Input #1, a
    MSFlexGrid1.Text = a
  Next j
Next I
Close #1

'  .  .  .  .  .  .  .  .  .  .  .  .  .  .  .  .  .  .  .  .
' Définition du graphique par défaut
'  .  .  .  .  .  .  .  .  .  .  .  .  .  .  .  .  .  .  .  .
For I = 2 To 5
  MSFlexGrid1.Col = I
  MSFlexGrid1.Row = 2
  MSChart1.Column = I - 1
  MSChart1.Data = MSFlexGrid1.Text
Next I
MSFlexGrid1.Col = 1
```

```
   MSChart1.TitleText = MSFlexGrid1.Text
End Sub

Private Sub MSFlexGrid1_Click()
'  - - - - - - - - - - - - - - - - - - - - - - - - -
'  Recopie de la cellule dans la zone de texte
'  - - - - - - - - - - - - - - - - - - - - - - - - -
   SommeSel.Text = MSFlexGrid1.Text
   SommeSel.SetFocus
'  - - - - - - - - - - - - - - - - - - - - - - - - -
'  Modification du graphe
'  - - - - - - - - - - - - - - - - - - - - - - - - -
   If MSFlexGrid1.Col = 1 Then
     For I = 1 To 4
       MSFlexGrid1.Col = I + 1
       MSChart1.Column = I
       MSChart1.Data = MSFlexGrid1.Text
     Next I
     MSFlexGrid1.Col = 1
     MSChart1.TitleText = MSFlexGrid1.Text
     MSChart1.DrawMode = 2
   End If
End Sub

Private Sub Quitter_Click()
'  - - - - - - - - - - - - - - - - - - - - - - - - -
'  Fin de l'application
'  - - - - - - - - - - - - - - - - - - - - - - - - -
   End
End Sub

Private Sub Somme_Click()
'  - - - - - - - - - - - - - - - - - - - - - - - - -
'  Calcul de la somme des cellules sélectionnées
'  et affichage dans la zone de texte SommeSel
'  - - - - - - - - - - - - - - - - - - - - - - - - -
   som = 0
   RDEb = MSFlexGrid1.Row
   RFIN = MSFlexGrid1.RowSel
   CDEB = MSFlexGrid1.Col
   CFIN = MSFlexGrid1.ColSel
   For I = RDEb To RFIN
     For j = CDEB To CFIN
```

```
      MSFlexGrid1.Row = I
      MSFlexGrid1.Col = j
      som = som + Val(MSFlexGrid1.Text)
    Next j
  Next I
  SommeSel.Text = som
End Sub
Private Sub SommeSel_Change()
' - - - - - - - - - - - - - - - - - - - - - - -
' Recopie de la zone de texte dans la cellule
' - - - - - - - - - - - - - - - - - - - - - - -
  MSFlexGrid1.Text = SommeSel.Text
End Sub

Private Sub Hist2D_Click()
' - - - - - - - - - - - - - - - - - - - - - - -
' Tracé d'un histogramme 2D
' - - - - - - - - - - - - - - - - - - - - - - -
  MSChart1.chartType = 1
  MSChart1.DrawMode = 2
End Sub

Private Sub Barre_Click()
' - - - - - - - - - - - - - - - - - - - - - - -
' Tracé d'un graphe ligne
' - - - - - - - - - - - - - - - - - - - - - - -
  MSChart1.chartType = 0
  MSChart1.DrawMode = 2
End Sub

Private Sub Camemb_Click()
' - - - - - - - - - - - - - - - - - - - - - - -
' Tracé d'un camembert 3D
' - - - - - - - - - - - - - - - - - - - - - - -
  MSChart1.chartType = 14
  MSChart1.DrawMode = 2
End Sub

Private Sub Escalier_Click()
' - - - - - - - - - - - - - - - - - - - - - - -
' Tracé d'un graphe Aire
' - - - - - - - - - - - - - - - - - - - - - - -
  MSChart1.chartType = 6
```

```
    MSChart1.DrawMode = 2
  End Sub
```

Si vous avez téléchargé les programmes sources développés dans cet ouvrage, ce projet se trouve par défaut dans le répertoire **SSM\GRAPHES**.

Résumé

Ce chapitre vous a montré comment insérer un contrôle personnalisé MSChart dans une feuille, et comment modifier ses caractéristiques en quelques lignes de code.

Dans cette application, les principales propriétés relatives au contrôle MSChart sont :

- **TitleText** : Titre du graphique

- **Data** : ordonnées des valeurs à représenter

- **chartType** : type du graphe (consultez, si nécessaire, l'aide interactive à la rubrique **GraphType**)

Chapitre 28

Mettez une base de données dans votre projet

Le but à atteindre

Figure 28.1 : L'application Base de données en mode Exécution.

Cette application montre comment accéder aux informations contenues dans une base de données. L'exemple choisi repose sur une base de données fournie avec Access 2.0 : Comptoir.MDB. En utilisant une technique similaire, vous pouvez accéder à de nombreux autres fichiers de bases de données. Citons, entre autres, les fichiers issus de BTrieve, dBase, Microsoft FoxPro, Paradox, mais aussi les feuilles de calcul Microsoft Excel, Lotus 1-2-3, ou encore tout fichier ASCII contenant des données organisées en champs et enregistrements.

Dans cet exemple, trois champs alphanumériques sont affichés dans des zones de texte. Un contrôle Data permet de naviguer dans les enregistrements :

Figure 28.2 : Les boutons du contrôle Data facilitent les déplacements dans la base de données.

Les boutons de commande **Condiments**, **Tous**, **Ajoute**, **Supprime** et **Quitter** vous donnent un aperçu des actions qui peuvent être effectuées par l'intermédiaire d'un contrôle Data :

- Filtrage des enregistrements par l'intermédiaire d'une requête SQL

- Suppression du filtre pour afficher tous les enregistrements

- Ajout et suppression d'enregistrements dans la base de données

Avant de commencer

Une base de données n'est ni plus ni moins qu'une organisation intelligente de données en tous genres. Ces données peuvent être visualisées, mises à jour, retrouvées à l'aide de requêtes ou de filtres et imprimées.

Visual Basic 6.0 dispose d'un ensemble de routines qui lui permettent d'accéder simplement à de nombreux fichiers de bases de données, sans qu'il soit nécessaire de posséder la base de données en question. Les enregistrements peuvent être visualisés, modifiés, triés, soumis à des requêtes, imprimés, etc.

 Tout repose sur le contrôle Data. Après l'avoir déposé sur une feuille pour renseigner quelques propriétés indiquant le type et le nom du fichier de données à utiliser, il ne vous reste plus qu'à placer les champs (éventuellement accompagnés de légendes) que vous désirez visualiser. Les boutons du contrôle Data, comparables à ceux d'une télécommande de magnétoscope, permettent de naviguer dans la base de données. En utilisant quelques propriétés et méthodes élémentaires, vous allez apprendre à rechercher des données précises dans une base, à mettre à jour les enregistrements qui la composent, à ajouter et à supprimer des enregistrements. La tâche sera bien plus simple que vous ne l'imaginez. En effet, une vingtaine de lignes de code suffiront. Voilà qui risque de vous faire apprécier les bases de données qui naguère vous faisaient trembler d'effroi...

Mise en place visuelle de l'application

Si la base de données Access 2.0 est installée sur votre ordinateur, vous allez pouvoir réaliser cette application en suivant nos conseils. Dans le cas contraire, il vous suffira de les adapter à votre situation.

Définissez un nouveau projet en sélectionnant la commande **Nouveau projet** dans le menu **Fichier**. Placez un contrôle Data dans la feuille et initialisez ses propriétés comme dans le tableau ci-après :

Propriété	Valeur
DatabaseName	Le nom de la base de données (ici D:\ACCESS2\EXEMPLES\COMPTOIR.MDB)

Propriété	Valeur
Connect	Access
RecordSource	Le nom de la table à éditer (ici, Catégories)

Vous allez maintenant utiliser les contrôles Label, TextBox et CommandButton pour obtenir le résultat suivant.

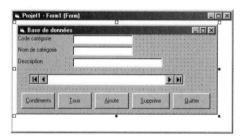

Figure 28.3 : La feuille de l'application en mode Edition.

Pour parvenir à ce résultat, modifiez les propriétés des contrôles d'après le tableau suivant :

Contrôle	Propriété	Valeur
Feuille	Caption	Base de données
1er label	Caption	Code catégorie
1ère zone de texte	Text	
1ère zone de texte	DataSource	Data1
1ère zone de texte	DatField	Code catégorie
2ème label	Caption	Nom de catégorie
2ème zone de texte	Text	

Contrôle	Propriété	Valeur
2ème zone de texte	DataSource	Data1
2ème zone de texte	DataField	Nom de catégorie
3ème label	Caption	Description
3ème zone de texte	Text	
3ème zone de texte	DataSource	Data1
3ème zone de texte	DataField	Description
1er bouton	Caption	&Condiments
1er bouton	Name	Condiments
2ème bouton	Caption	&Tous
2ème bouton	Name	Tous
3ème bouton	Caption	&Ajoute
3ème bouton	Name	Ajoute
4ème bouton	Caption	&Supprime
4ème bouton	Name	Supprime
5ème bouton	Caption	&Quitter
5ème bouton	Name	Quitter

 Le contrôle Data facilite les déplacements dans une base de données. Cependant, il est parfois nécessaire de ne pas le faire apparaître en mode Exécution. Pour cela, il suffit d'initialiser à False la propriété Visible. Dans le code, les méthodes MoveFirst, MoveLast, MovePrevious et MoveNext remplacent alors les boutons du contrôle Data.

Définition des procédures de traitement

Sans définir aucune procédure de traitement, vous pouvez déjà lancer l'application et utiliser les touches fléchées du contrôle Data pour naviguer dans les enregistrements de la base de données.

Maintenant, passons aux choses sérieuses.

Double-cliquez sur le bouton **Condiments** et complétez la procédure Condiments_Click comme suit :

```
Private Sub Condiments_Click()
   Data1.RecordSource = "SELECT * FROM Catégories
WHERE [Nom de catégorie]='Condiments'; "
   Data1.Refresh
End Sub
```

La première instruction est une requête SQL :

```
Data1.RecordSource = "SELECT * FROM Catégories
WHERE [Nom de catégorie]='Condiments'; "
```

En l'appliquant à la propriété RecordSource du contrôle Data1, on filtre les enregistrements.

Pour avoir plus d'informations sur les requêtes SQL, consultez la rubrique SELECT dans l'aide interactive.

Dans notre exemple, la requête extrait tous les champs (*) de la table Catégories (FROM Catégories) pour lesquels le champ Nom de catégorie a pour valeur Condiments (WHERE [Nom de catégorie]='Condiments').

 Dans cette requête, le champ Nom de catégorie a été placé entre crochets car il contient deux espaces. Ces crochets ne sont pas nécessaires pour les champs dont le nom ne contient qu'un seul mot.

La deuxième ligne de la procédure Condiments_Click demande la mise à jour de l'affichage :

```
Data1.Refresh
```

Sans elle, tous les enregistrements de la base de données seraient encore accessibles.

Affichez à nouveau la feuille de l'application et double-cliquez sur le bouton **Tous**. Complétez la procédure Tous_Click comme suit :

```
Private Sub Tous_Click()
  Data1.RecordSource = "SELECT * FROM Catégories; "
  Data1.Refresh
End Sub
```

Cette procédure annule l'appui sur le bouton **Condiments** et redonne accès à tous les enregistrements de la base de données.

La première ligne contient une requête SQL affectée à la propriété RecordSource du contrôle Data1 :

```
Data1.RecordSource = "SELECT * FROM Catégories; "
```

Tous les champs (*) de la table Catégories (FROM Catégories) sont à nouveau accessibles.

La deuxième instruction rafraîchit l'affichage. Après son exécution, tous les enregistrements sont à nouveau affichés :

```
Data1.Refresh
```

Voyons maintenant comment ajouter et supprimer des enregistrements. Double-cliquez sur le bouton **Ajoute** et entrez l'instruction suivante :

```
Private Sub Ajoute_Click()
  Data1.Recordset.AddNew
End Sub
```

Elémentaire, n'est-ce pas ?

La méthode AddNew crée un nouvel enregistrement (Recordset). Il ne reste plus qu'à compléter les trois champs et à appuyer sur l'un des boutons du contrôle Data pour que les nouvelles informations soient intégrées dans la base de données.

La suppression d'un enregistrement n'est guère plus complexe. Double-cliquez sur le bouton **Supprime** et entrez les deux instructions suivantes :

```
Private Sub Supprime_Click()
   Data1.Recordset.Delete
   Data1.Recordset.MoveNext
End Sub
```

La première instruction supprime l'enregistrement courant :

```
Data1.Recordset.Delete
```

La deuxième instruction provoque l'affichage de l'enregistrement suivant :

```
Data1.Recordset.MoveNext
```

Si vous supprimez le dernier enregistrement, une fiche vide dans laquelle vous pouvez saisir de nouvelles données est affichée.

Pour terminer, double-cliquez sur le bouton **Quitter** et entrez l'instruction suivante :

```
Private Sub Quitter_Click()
   End
End Sub
```

L'instruction End termine l'application.

Ces quelques lignes vous auront sûrement réconcilié avec les bases de données. Si vous voulez aller plus loin, consultez l'aide interactive aux rubriques RecordSet, DAO et ODBC.

Exécution de l'application

Appuyez sur **F5** pour lancer le programme.

Utilisez :

- les boutons fléchés du contrôle **Data** pour vous déplacer dans la base de données,

- le bouton **Condiments** pour filtrer la base de données sur les seuls enregistrements dont le champ **Nom de catégorie** vaut **Condiments,**

- le bouton **Tous** pour réaccéder à tous les enregistrements,

- les boutons **Ajoute** et **Supprime** pour ajouter ou supprimer des enregistrements dans la base de données.

Voici le listing complet du fichier BD.FRM, associé à la feuille Base de données.

```
Private Sub Condiments_Click()
  Data1.RecordSource = "SELECT * FROM Catégories
WHERE [Nom de catégorie]='Condiments'"
  Data1.Refresh
End Sub

Private Sub Tous_Click()
  Data1.RecordSource = "SELECT * FROM Catégories; "
  Data1.Refresh
End Sub

Private Sub Ajoute_Click()
  Data1.Recordset.AddNew
End Sub

Private Sub Supprime_Click()
  Data1.Recordset.Delete
  Data1.Recordset.MoveNext
End Sub

Private Sub Quitter_Click()
  End
End Sub
```

Si vous avez téléchargé les programmes sources développés dans cet ouvrage, ce projet se trouve par défaut dans le répertoire **SSM\BD.**

Résumé

Ce chapitre vous a montré comment accéder à un fichier de base de données par l'intermédiaire du contrôle Data. Vous avez appris à utiliser :

- la propriété RecordSource pour filtrer les enregistrements affichés à l'aide d'une requête SQL,

- la méthode AddNew pour ajouter un nouvel enregistrement dans le fichier de base de données,

- la méthode Delete pour supprimer l'enregistrement courant dans le fichier de base de données,

- la méthode MoveNext pour atteindre le prochain enregistrement.

Chapitre 29

Les contrôles ActiveX

Le but à atteindre

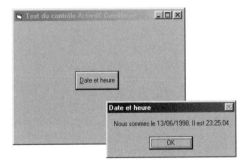

Figure 29.1 : L'application "Test du contrôle ActiveX DateHeure" en mode Exécution.

Cette application utilise le contrôle ActiveX **DateHeure** pour afficher la date et l'heure système dans une boîte de message. Nous allons vous montrer comment écrire ce contrôle et comment l'utiliser dans l'application Visual Basic "Test du contrôle ActiveX Date-Heure".

Avant de commencer

Tout au long de cet ouvrage, nous vous avons montré comment utiliser les contrôles standard de Visual Basic et les OCX fournis avec le langage. Nous allons maintenant nous intéresser à la création de contrôles ActiveX. Ces derniers seront utilisables dans un programme Visual Basic ou dans un programme écrit dans un autre langage capable d'exploiter les OCX (comme Microsoft Visual C++ ou Borland C++, par exemple).

Vous envisagerez la création d'un OCX ActiveX lorsque plusieurs de vos programmes utiliseront le même bout de code. Vous pourriez très bien copier/coller ce code dans tous les programmes, mais imaginez qu'un bogue s'y soit glissé : vous devrez alors modifier chacun des programmes faisant appel à ce code. Une solution bien plus intelligente consiste à définir un OCX ActiveX. Pour corriger l'éventuel bogue, il vous suffira d'agir sur le code du contrôle ActiveX et de le recompiler. Toutes les applications l'utilisant intégreront automatiquement la correction, sans qu'il soit nécessaire d'agir sur leur code ou de les recompiler.

Définition du contrôle ActiveX DateHeure

Dans un premier temps, nous allons définir un contrôle ActiveX affichant la date et l'heure système dans une boîte de message.

Si la boîte de dialogue **Nouveau projet** n'est pas affichée, sélectionnez la commande **Nouveau projet** dans le menu **Fichier** ou appuyez sur **Ctrl+N**. Sélectionnez **Contrôle ActiveX** et validez.

Insérez un bouton de commande dans la feuille du contrôle ActiveX. Positionnez ce bouton dans la partie supérieure gauche de la feuille et réduisez les dimensions de la feuille comme suit :

```
Width : 1215
Height : 495
```

Figure 29.2 : Pour créer un contrôle ActiveX, vous devez sélectionner Contrôle ActiveX et non EXE Standard dans la boîte de dialogue Nouveau projet.

Si vous n'avez pas modifié les dimensions par défaut du bouton, il devrait maintenant occuper la totalité de la feuille. Double-cliquez sur le bouton pour afficher la fenêtre de code et complétez la procédure **Command1_Click** comme suit :

```
Private Sub Command1_Click()
  Dim DH$
  DH$ = "Nous sommes le " + Format(Date) +  ". Il
est " + Format(Time)
  rep = MsgBox(DH$, , "Date et heure")
End Sub
```

La variable chaîne **DH$** est utilisée pour stocker la date et l'heure courantes :

```
Dim DH$
DH$ = "Nous sommes le " + Format(Date) +  ". Il est
" + Format(Time)
```

Après son calcul, cette chaîne est affichée dans une boîte de message :

```
rep = MsgBox(DH$, , "Date et heure")
```

Fermez la fenêtre de code et affectez la valeur &Date et heure au bouton de commande.

Vous pouvez maintenant sauvegarder :

- le projet avec la commande **Enregistrer le projet** du menu **Fichier**.

- le contrôle ActiveX avec la commande **Enregistrer User Control1** du menu **Fichier**.

Pour que l'objet ActiveX soit utilisable, vous devez le compiler. Pour cela, sélectionnez la commande **Créer Projet1.ocx** dans le menu **Fichier**. Après quelques instants, les fichiers **DateHeure.ocx** et **DateHeure.oca** sont créés.

Utilisation du contrôle ActiveX DateHeure

Nous allons maintenant créer un projet ultra simple exploitant le contrôle ActiveX **DateHeure**.

Sélectionnez la commande **Nouveau projet** dans le menu **Fichier**. Sélectionnez **EXE standard** dans la boîte de dialogue **Nouveau projet** et validez.

Comme vous le constatez, l'ActiveX **DateHeure** n'apparaît pas dans la boîte à outils. Nous allons combler cette lacune. Faites un clic droit sur la boîte à outils et sélectionnez **Composants** dans le menu surgissant. Le contrôle ActiveX **DateHeure** a été enregistré sous le nom **Projet1**. Sélectionnez-le sous l'onglet **Contrôles** et validez en appuyant sur le bouton **OK**.

Le contrôle **DateHeure** est désormais accessible sous le nom **UserControl1** dans la boîte à outils. Double-cliquez dessus pour le placer dans la feuille de la nouvelle application.

Exécution de l'application

Affectez la valeur `Test du contrôle ActiveX DateHeure` à la propriété **Caption** de la feuille et exécutez le projet. Comme vous le constatez, aucune ligne de code n'a été nécessaire pour utiliser le contrôle ActiveX.

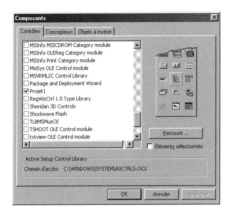

Figure 293 : La sélection d'un contrôle ActiveX dans la boîte à outils s'apparente à celle des autres contrôles OCX fournis avec Visual Basic.

Voici le listing complet du fichier **DateHeure.CTL**, associé au contrôle ActiveX **DateHeure**.

```
Private Sub DH_Click()
  Dim DH$
  DH$ = "Nous sommes le " + Format(Date) +  ". Il
est " + Format(Time)
  rep = MsgBox(DH$, , "Date et heure")
End Sub
```

> Si vous désirez diffuser vos contrôles ActiveX auprès d'autres programmeurs, vous pouvez utiliser la commande Propriétés de projet du menu Projet pour leur affecter des commentaires tels que Nom du projet, Version, Type de compilation, etc.

Résumé

Ce chapitre vous a montré comment définir un contrôle ActiveX et comment l'utiliser dans un projet Visual Basic 6.0. Si vous vous lancez dans l'écriture de projets Visual Basic de grande envergure mettant en œuvre des traitements lourds et/ou sophistiqués, n'hésitez pas à vous mettre à la recherche d'OCX qui vous mâcheront le travail. Peu importe si vous n'avez pas accès au code : il vous suffira d'utiliser les propriétés du contrôle, tout aussi simplement que vous le faites avec les contrôles prédéfinis de Visual Basic.

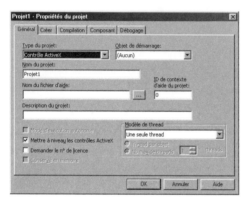

Figure 29.4 : Documentation d'un contrôle ActiveX dans la boîte de dialogue Propriétés de projet.

Annexe A

Les icônes
de Visual Basic 6.0

Arrows

Comm

Computer

Les icônes de Visual Basic 6.0

Dragdrop

drag1pg   drag2pg   drag3pg   dragfldr   drop1pg   dropfldr

Elements

cloud   earth   fire   litening   moon01   moon02   moon03   moon04

moon05   moon06   moon07   moon08   rain   snow   sun   water

Flags

ctrcan   ctrfran   ctrgerm   ctritaly   ctrjapan   ctrmex   ctrskor   ctrspain

ctruk   ctrusa   flgastrl   flgausta   flgbelg   flgbrazl   flgcan   flgden

flgfin   flgfran   flggerm   flgirel   flgitaly   flgjapan   flgmex   flgneth

flgnorw   flgnz   flgport   flgrsa   flgrus   flgskor   flgspain   flgswed

flgswitz   flgturk   flguk   flgusa01   flgusa02

Industry

bicycle   cars   factory   gaspump   hammer   plane   rocket   sinewave

wrench

Mail

Misc

Les icônes de Visual Basic 6.0

Office

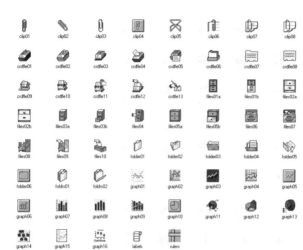

clip01	clip02	clip03	clip04	clip05	clip06	clip07	clip08
crdfle01	crdfle02	crdfle03	crdfle04	crdfle05	crdfle06	crdfle07	crdfle08
crdfle09	crdfle10	crdfle11	crdfle12	crdfle13	files01a	files01b	files02a
files02b	files03a	files03b	files04	files05a	files05b	files06	files07
files08	files09	files10	folder01	folder02	folder03	folder04	folder05
folder06	foldrs01	foldrs02	graph01	graph02	graph03	graph04	graph05
graph06	graph07	graph08	graph09	graph10	graph11	graph12	graph13
graph14	graph15	graph16	labels	rulers			

Traffic

trffc01	trffc02	trffc03	trffc04	trffc05	trffc06	trffc07	trffc08
trffc09	trffc10a	trffc10b	trffc10c	trffc11	trffc12	trffc13	trffc14
trffc15	trffc16	trffc17	trffc18a	trffc18b	trffc19a	trffc19b	trffc20

Win95

35flfloppy	525flop1	audio	cddrive	clsdfold	ctrlpanel	desktop	drive
drivedsc	drivenet	entirnet	explorer	mycomp	nethood	openfold	printfld
recylfull	remteacc	waste					

Writing

book0' a   book01b   book02   book03   book04   book05   book06   book.s01

book.s02   book.s03   book.s04   book.s05   erase01   erase02   font01   font02

landscap   note01   note02   note03   note04   note05   note06   note07

note08   note09   note10   note10b   note10c   note11   note12   note13

note14   note15   note16   note17   note18   pen01   pen02   pen03

pen04   pen05   pen06   pen07   pencil01   pencil02   pencil03   pencil04

pencil05   pencil06   pencil07   pencil08   pencil09   pencil10   pencil11   pencil12

pencil13   pencil14   pens01   pens02   pens03   pens04   portrait

Annexe B

Les caractères spéciaux

Vous obtiendrez ces caractères en maintenant la touche Alt enfoncée et en tapant le code à trois chiffres correspondant sur le pavé numérique, touche Verr num verrouillée.

Par exemple, la séquence Alt+174 produit l'affichage du caractère «, ou encore, la séquence Alt+169 produit l'affichage du caractère ®.

123	{	124	|	125	}	126	~	127	
128	Ç	129	ü	130	é	131	â	132	ä
133	à	134	å	135	ç	136	ê	137	ë
138	è	139	ï	140	î	141	ì	142	Ä
143	Å	144	É	145	æ	146	Æ	147	ô
148	ö	149	ò	150	û	151	ù	152	ÿ
153	Ö	154	Ü	155	ø	156	£	157	Ø
158	∞	159	ƒ	160	á	161	í	162	ó

163	ú	164	ñ	165	Ñ	166	a	167	º
168	¿	169	®	170	¬	171	∫	172	π
173	¡	174	«	175	»	176	_	177	_
178	_	179	≠	180	≠	181	Á	182	Â
183	À	184	©	185	≠	186	≠	187	+
188	+	189	¢	190	¥	191	+	192	+
193	-	194	-	195	+	196	-	197	+
198	ã	199	Ã	200	+	201	+	202	-
203	-	204	≠	205	-	206	+	207	
208	≤	209	√	210	Ê	211	Ë	212	È
213	¡	214	Í	215	Î	216	Ï	217	+
218	+	219	_	220	_	221	≠	222	Ì
223	_	224	Ó	225	ß	226	Ô	227	Ò
228	ō	229	Õ	230	μ	231		232	◊
233	Ú	234	Û	235	Ù	236	Δ	237	≈
238	¯	239	′	240	-	241	±	242	_
243	Ω	244	¶	245	§	246	÷	247	,
248	°	249	¨	250	·	251	∂	252	Π
253	Σ	254	_	255					

Annexe C

L'assistant Empaquetage et déploiement

Vous avez défini une application qui tient la route et vous désirez en faire profiter vos collègues. Malheureusement, le simple exécutable généré par Visual Basic 6.0 ne leur est d'aucune utilité, car ce langage n'est pas installé sur leur machine. Pour qu'ils puissent constater quel génie vous êtes, ils doivent installer un ou plusieurs VBX, DLL et autres oiseaux du même genre. Ce qui est élémentaire pour certains d'entre eux peut se révéler insurmontable pour d'autres. Une solution simple et élégante s'offre à vous : utilisez l'assistant Empaquetage et déploiement.

L'icône de cet assistant est accessible depuis le menu **Démarrer** : **Programmes**, **Outils Microsoft Visual Basic 6.0** et **Assistant Empaquetage et déploiement**. Après son exécution, entrez le nom du projet à distribuer, appuyez sur le bouton **Package** et répondez aux questions posées par l'assistant au fil des différentes étapes.

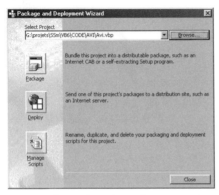

Création d'un fichier d'installation pour le projet AVI.VBP.

Choisissez, en particulier, entre une installation sur disquettes et une installation dans un répertoire partagé, à destination des utilisateurs du réseau local.

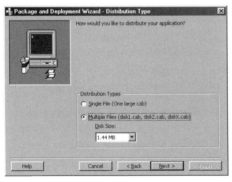

Choix du type du support.

Un clic sur le bouton **Terminer** lance la compression des fichiers et la génération du fichier d'installation **SETUP.EXE**.

Pour pouvoir exécuter votre programme, vos futurs utilisateurs devront d'abord l'installer en lançant le programme **SETUP.EXE**.

Index

LOUIS - JEAN
avenue d'Embrun, 05003 GAP cedex
Tél. : 04.92.53.17.00
Dépôt légal : 341 – Juin 2001
Imprimé en France